CE QUE LES VISAGES VOUS RÉVÈLENT
la physiognomonie

Cet ouvrage a été originellement publié par
THE AQUARIAN PRESS
Une division de Thorsons Publishing Group
Wellingborough, Northamptonshire
NN8 2RQ, England

sous le titre: HOW TO READ FACES

Publié avec la collaboration de
Montreal-Contacts/The Rights Agency
C.P. 596, Succ. «N»
Montréal (Québec)
H2X 3M6

© 1989, Rodney Davies
© 1990, Les Éditions Quebecor, pour la traduction française

Dépôt légal, 1er trimestre 1990
Bibliothèque nationale du Québec
Bibliothèque nationale du Canada
ISBN: 2-89089-703-6

LES ÉDITIONS QUEBECOR
Une division de Groupe Quebecor inc.
4435, boul. des Grandes Prairies
Montréal (Québec)
H1R 3N4

Distribution: Québec Livres

Conception et réalisation graphique
de la page couverture: Bernard Lamy

Photo de la couverture: Pierre Dionne

Impression: Imprimerie L'Éclaireur

RODNEY DAVIES

CE QUE LES VISAGES VOUS RÉVÈLENT
la physiognomonie

Traduit de l'anglais
par
Monique Plamondon

Les Éditions Québecor

TABLE DES MATIÈRES

Le rôle des humains, en ce monde, comporte trois fonctions:

Premièrement, se connaître eux-mêmes et connaître l'état du monde avec lequel ils doivent composer.

Deuxièmement, être satisfaits d'eux-mêmes et de l'état du monde.

Troisièmement, se réparer eux-mêmes et réparer l'état du monde, dans la mesure où ils ont besoin d'être réparés et où ils sont réparables.

Tiré de *Man's Business in Life*, de John Ruskin.

INTRODUCTION

Tout le monde maîtrise, dans une certaine mesure, cet art que l'on désigne généralement sous le nom de physiognomonie; et chacun se forme une idée du caractère ou du destin d'un étranger, à partir de ses traits et des lignes de son visage.

Tiré du *Spectator*, de Addison.

Comme le suggère Joseph Addison, l'interprétation du visage est quelque chose que nous pratiquons tous dans une certaine mesure, chaque fois que nous rencontrons une nouvelle personne et, en fait, notre réaction émotionnelle peut parfois être si intense que nous avons «le coup de foudre». D'autres visages peuvent nous rebuter tout aussi fortement et même nous faire peur, bien que la plupart nous laissent peut-être indifférents. Cette analyse tout à fait naturelle se reflète dans la quantité d'allusions, dans les conversations de chaque jour, à ces traits de caractère supposément reliés à des traits particuliers du visage, tels que un «front intelligent», un «nez inquisiteur», des «yeux doux», des «lèvres sensuelles», une «bouche cruelle» et un «menton faible», qui montrent que l'interprétation du visage, ou la physiognomonie, est probablement pratiquée tout autant aujourd'hui qu'elle l'était autrefois.

Toutefois, même si nous interprétons les visages intuitivement, l'étude de la physiognomonie, comme méthode reconnue pour comprendre le caractère et le tempérament, a été en grande partie négligée ces dernières années autant par les scientifiques que par les diseurs de bonne aventure. Cela s'est produit parce que les scientifiques craignent de plus en plus de faire des recherches sur quoi que ce soit qui puisse être soupçonné de superstition. Par ail-

9

leurs, ceux qui s'intéressent aux sciences «occultes» ont évité l'interprétation du visage parce qu'elle leur semblait «trop scientifique», position qui a été encouragée par les physiognomonistes, qui cherchaient à être acceptés par la communauté scientifique. Par exemple, au tournant du siècle, la célèbre physiognomoniste Annie Oppenheim, F.B.P.S., a déclaré que «la physiognomonie ne doit pas être confondue avec la chiromancie, la télépathie, ou l'astrologie, et qu'elle n'a rien à voir avec la prédiction des événements à venir, ni avec la divination du passé. C'est simplement l'art de lire le caractère d'une personne à partir de son visage, d'être capable de dire, d'après la forme de la tête et des traits, ce que dénotent ces caractéristiques».

Actuellement, un vent de changement souffle sur ces deux camps opposés. Les scientifiques sont devenus plus audacieux, au point où certains d'entre eux osent faire des recherches sur des domaines aussi «dangereux» que la chiromancie, la télépathie et l'astrologie, et les diseurs de bonne aventure qui pratiquent ces méthodes ont accepté volontiers les résultats positifs que les scientifiques ont parfois obtenus.

Par conséquent, j'ai écrit ce livre dans l'espoir de stimuler un nouvel intérêt pour cette étude qui peut bénéficier à tout le monde. Car l'interprétation du visage est une méthode d'analyse du caractère et de prédiction de l'avenir qui est non seulement aussi ancienne et aussi exacte que la chiromancie et l'astrologie, mais elle peut aussi vous permettre de comprendre votre caractère et votre destin, de même que ceux des êtres qui vous sont chers, de vos amis et de vos ennemis, et également de ceux des personnes qui sont assises en face de vous dans l'autobus ou dans le métro.

Enfin, pour éviter d'alourdir le texte, j'ai souvent utilisé les pronoms «il» et «lui»; il faut évidemment comprendre qu'ils incluent les deux sexes.

Chapitre 1
L'HISTOIRE DE L'INTERPRÉTATION DU VISAGE

«On comprend l'homme à son visage et Dieu, à ses créatures.»
Tiré de *Deus in Creaturis*, de Ben Johnson.

L'interprétation du caractère et du destin d'une personne à partir de l'analyse des traits du visage est une méthode si ancienne que l'on ne connaît ni son lieu d'origine ni sa date de naissance. Elle est probablement aussi vieille que l'homme et peut très bien avoir été pratiquée spontanément parmi les différentes tribus et les différents groupes raciaux, ce qui explique qu'aucune société ne prétend l'avoir inventée. Déjà, l'interprétation du visage était ancienne quand l'homme a commencé à consulter les étoiles et à lire les lignes de la main.

Les êtres humains ont toujours regardé leurs visages réciproques et une telle contemplation a dû mener rapidement à la supposition générale que le visage symbolise le for intérieur de l'homme ou de la femme. Il n'y a rien là de magique ou de mystérieux. Après tout, la plupart des visages sont uniques pour leurs propriétaires et représentent donc le caractère et le tempérament de chacun. Et lorsqu'on s'est rendu compte que des traits faciaux similaires trahissaient des traits de caractère semblables, le temps était mûr pour que la physiognomonie soit systématisée en une méthode d'analyse du caractère et, plus tard, de divination.

Toutefois, pour ceux qui doutent que le visage puisse révéler avec exactitude le caractère, et encore moins le destin, je ne peux faire davantage que de leur demander de prendre en considération les preuves fournies par les jumeaux identiques, qui ont des traits faciaux identiques et, comme des études l'ont prouvé, des modèles de comportement presque identiques. Et il est encore plus remarquable que leur vie se déroule souvent en parallèle, parfois au point où ils vivent les mêmes expériences.

Par exemple, lorsque les soeurs américaines Ester Pauline et Pauline Ester Freidman étaient enfants, elles étaient inséparables. Non seulement les jumelles parlaient-elles et s'habillaient-elles de la même façon, mais lorsqu'elles se sont mariées, elles ont fait un mariage double. Plus tard, elles sont toutes deux devenues journalistes, se spécialisant dans la solution de problèmes, et aujourd'hui leurs chroniques paraissent dans des centaines de journaux d'un littoral à l'autre des États-Unis, où elles sont davantage connues sous leurs noms de plume: Abigail Van Buren, «Dear Abby», et Anne Landers.

Mais plus étonnants et plus convaincants encore sont les cas de développement parallèle de jumeaux identiques qui ont été élevés séparément. En effet, même si on peut peut-être attribuer des traits de caractère et des expériences de vie identiques à une même éducation, ce n'est pas le cas des jumeaux qui ont été séparés l'un de l'autre au début de l'enfance.

Jim Lewis et Jim Springer sont deux jumeaux identiques américains qui ont été adoptés par des familles différentes quelques semaines à peine après leur naissance et qui ont vécu des vies entièrement séparées pendant les trente-sept années suivantes. Ils ont donc été surpris d'apprendre, quand ils se sont finalement retrouvés, que non seulement ils avaient développé des caractères et des goûts identiques, mais que leur vie avait été, dans une mesure remarquable, le miroir l'une de l'autre.

Par exemple, les deux étaient des fumeurs invétérés de la même marque de cigarettes, buvaient la même marque de bière, conduisaient la même marque de voiture, avaient la manie de se ronger les ongles au vif, aimaient les mathématiques et les courses d'automobiles, mais détestaient le baseball et l'orthographe et écrivaient à leurs épouses des mots d'amour qu'ils laissaient un peu partout dans la maison. Chacun des jumeaux a déjà eu deux attaques cardiaques, souffre d'insomnie et d'hémorroïdes et, le soir, de migraines qui ont commencé à l'âge de dix-huit ans. Les deux ont subi des vasectomies.

Plus surprenant encore, les deux hommes ont déjà été gardiens de stationnement, ont travaillé pour la chaîne de restaurants MacDonald et sont devenus shérifs à temps partiel. Les deux avaient épousé des femmes nommées Linda, dont ils ont tous deux divorcé et ont ensuite épousé des femmes nommées Betty. Jim Lewis avait baptisé son premier fils du nom de James Alan, alors que Jim Springer avait nommé son fils James Allen. Les deux hommes avaient chacun un chien appelé Tony. En outre, ils passaient tous deux leurs vacances en famille sur la même plage de la Floride, mais à différentes périodes de l'année.

Les jumeaux identiques britanniques Roy et Paul Wells ont été séparés alors qu'ils étaient bébés, lors de la séparation de leurs parents, et ont été élevés à 15 000 kilomètres de distance. Roy avait été emmené en Nouvelle-Zélande par son père, alors que Paul est resté en Angleterre avec sa mère, qui s'est remariée par la suite. Ce n'est que 22 ans plus tard, en 1981, que Roy est retourné en Angleterre et qu'il est parti en quête de son frère, qui s'est bientôt surpris à dire: «C'est comme si un vide émotionnel avait été comblé. Nous sommes exactement pareils.»

En effet, leurs goûts et attitudes sont étrangement semblables. Aucun des jumeaux n'aime les légumes, ni se lever le matin et les deux détestent les araignées. Les deux sont allergiques à la poussière et ont souffert d'asthme. Leur couleur favorite est le bleu, leurs animaux favoris sont les lions et les tigres et ils préfèrent les documentaires aux autres émissions de télévision. Ils se sentent plus à l'aise dans des vêtements décontractés de teintes pastel, préfèrent le vin blanc au vin rouge et rêvent tous deux de visiter l'Amérique et l'Inde. Ils sont tous deux attirés par les femmes indépendantes, blondes, qui ne portent pas de maquillage, et tous deux veulent, un jour, avoir deux enfants et vivre dans une grande maison. Tous deux se souviennent aussi que le moment le plus triste de leur vie s'est produit lorsqu'ils avaient quinze ans.

Les jumelles identiques canadiennes Margaret Judson et Marion Smith se sont rencontrées par hasard dans un grand magasin de Toronto, après avoir été séparées et sans nouvelles durant 21 ans. Elles n'ont pas mis beaucoup de temps à découvrir qu'elles avaient toutes deux pris des leçons de piano et chanté alto dans leur choeur paroissial respectif; qu'elles étaient devenues expertes au patin à roulettes et avaient songé à en faire une profession; qu'elles avaient subi une amygdalectomie la même année et avaient épousé des matelots du même âge, de même stature, de même poids, qui avaient navigué durant quatre ans. Et alors que Margaret avait fait partie de l'armée, Marion avait essayé de s'y inscrire mais avait été refusée.

Les jumeaux identiques vivent souvent jusqu'au même âge et meurent souvent à quelques jours de différence, parfois le même jour. Les gynécologues new-yorkais et jumeaux identiques Cyril et Stewart Marcus ont été trouvés morts le même jour, à des endroits différents de la ville. Les deux s'étaient suicidés en prenant une dose mortelle de barbituriques. Pourtant, leur mort n'était pas reliée. Par ailleurs, en 1952, deux jumelles identiques de 90 ans ont été retrouvées, à demi mortes d'inanition, parmi des piles de journaux, dans leur appartement de Greenwich Village. On les a transportées d'urgence à l'hôpital où elles sont mortes à quelques heures d'intervalle. En 1962, deux autres jumelles identiques sont décédées à quelques heures de différence, dans un hôpital psychiatrique de la Caroline du Nord, où elles étaient traitées contre la schizophrénie. La nuit en question, elles dormaient dans des pavillons différents de l'hôpital, si bien qu'aucune n'aurait pu savoir ce qui arrivait à l'autre.

On pourrait multiplier ces exemples, mais ce serait fastidieux. Ce qui est évident, c'est que les visages de jumeaux identiques reflètent leur similarité de tempérament et de goûts et la nature parallèle de leur vie. Cela est particulièrement vrai des jumeaux identiques qui ont été séparés, car ceux qui ont été élevés ensemble cherchent souvent à se distinguer l'un de l'autre et acquièrent, par conséquent, une indépendance consciemment entretenue.

L'expérience nous dit également que les personnes non apparentées qui s'adonnent à se ressembler partagent des traits de caractère similaires. En fait, on a souvent remarqué que les couples mariés qui vivent ensemble harmonieusement et qui partagent des intérêts communs développent graduellement une remarquable similarité de visage et de forme, au point où ils passent parfois pour frère et soeur. Sous cet aspect, ils se conforment au principe de base de la physiognomonie, qui est «tel l'extérieur, tel l'intérieur».

On peut présumer que l'approche systématisée de l'interprétation des traits du visage a pris naissance en Occident avec les spéculations philosophiques d'Empédocle, qui vivait dans une colonie grecque d'Acragas, en Sicile, au Ve siècle av. J.-C. Ses idées au sujet de la nature du monde ont été appliquées à l'humanité, et elles aident à expliquer le caractère, ce qui permet, par ricochet, de lier le for intérieur de l'homme à sa forme extérieure.

Empédocle était un homme vraiment remarquable, un type qu'on appellerait aujourd'hui un génie excentrique. En plus d'être un penseur original, un poète, un orateur, un physicien et un homme politique, il était aussi un mystique et un faiseur de miracles. Il croyait que ses connaissances lui donnaient le pouvoir de maîtriser la nature, au point de pouvoir ressusciter les morts. Il acceptait la doctrine de la transmigration des âmes et maintenait que les âmes des pécheurs étaient condamnées à occuper un corps mortel après l'autre, jusqu'à ce qu'elles se soient suffisamment purifiées pour pouvoir échapper entièrement au monde matériel. Il était convaincu qu'il était en train de vivre sa dernière incarnation, après avoir été «un garçon et une fille, une bête et un oiseau et un poisson stupide dans la mer» et, afin de s'assurer que son âme s'en irait au royaume des dieux, il s'était suicidé, en 430 av. J.-C., en se jetant dans le volcan en éruption du mont Etna. Il a exposé ses idées plutôt étranges dans un long poème intitulé *Purifications*, dont quelques fragments ont survécu. Aristote l'avait reconnu comme l'inventeur de la rhétorique, sans laquelle aucun Grec ne pouvait espérer évoluer, et Galilée l'a surnommé le père de la médecine italienne.

Toutefois, les spéculations philosophiques d'Empédocle ont été exprimées dans son poème *De la Nature*, qu'on a beaucoup lu et qui a eu une grande influence. Dans son poème, il affirme que la réalité ultime consiste en «quatre substances de base» ou éléments, familiers aujourd'hui: le feu, l'air, l'eau et la terre, indestructibles et éternels. Ces derniers, combinés dans des proportions différentes, créent le monde et tout ce qui en fait partie, ce qui inclut, naturellement, nous-mêmes. Ces éléments, selon Empédocle, sont mûs par deux forces: l'amour, qui les rapproche, et la dissension, qui les sépare. Ainsi, l'amour et la dissension sont responsables des fluctuations, qui construisent éternellement les choses et, alternativement, les détruisent. Un physicien d'aujourd'hui parlerait sans doute de ces phénomènes en termes d'attraction et de répulsion.

Ces idées ont été poussées encore plus loin par Hippocrate, de Cos (c. 460-377 av. J.-C.), le «père de la médecine», qui a postulé que les quatre éléments se manifestent à l'intérieur du corps humain sous la forme des quatre liquides vitaux ou «humeurs», lesquelles, à leur tour, déterminent le tempérament et le physique d'une personne. Ainsi l'air, humide et chaud, forme le sang; le feu, sec et chaud, forme la bile jaune; la terre, sèche et froide, forme la bile noire; et l'eau, humide et froide, forme le phlegme. Hippocrate disait que, lorsque les quatre humeurs sont présentes en quantités égales dans le corps d'une personne, cette personne est en bonne santé, d'humeur égale, et a un physique assuré et équilibré. De même, une personne avec un surplus de sang démontrerait un tempérament et un physique *sanguins*; une personne avec un surplus de bile jaune aurait un tempérament et un physique *colériques*; une personne avec un surplus de bile noire aurait un tempérament et un physique *mélancoliques*; et une personne avec un surplus de phlegme aurait un tempérament et un physique *flegmatiques*.

Le type sanguin est peut-être le plus fortuné des quatre, car il est généralement bon vivant, optimiste, humoristique, amoureux et intelligent, alors que le type colérique, qui se distingue par son énergie, son irascibilité et son agressivité est le plus explosif. Le type flegmatique est essentiellement placide et apathique, assuré et calme, même s'il ne garde pas toujours son sang-froid, et le type mélancolique est, comme le qualificatif le suggère, triste, renfrogné et dépressif.

Le teint et les autres attributs physiques sont déterminés par la couleur et la fluidité de l'humeur principale. Par exemple, la personne colérique, qui a un excès de bile jaune (*choler* en anglais), est grande et mince, a un long visage en lame de couteau, des yeux foncés et des cheveux noirs, la peau jaunâtre, et ses faiblesses physiques proviennent d'une déficience du foie qui la rend irritable. Et alors qu'elle est excitable et se met facilement en colère, son humeur peut tomber soudainement à plat, la laissant triste et abattue.

À la longue, il est devenu évident que les êtres humains n'appartiennent pas tous à un seul des groupes de tempéraments et de physiques détaillés par Hippocrate, mais que la plupart présentent des mélanges, avec des tempéraments et des attributs physiques moins rigides. Ainsi, dans son ouvrage intitulé *Brief Lives*, John Aubrey remarque, au sujet du philosophe Thomas Hobbes (1588-1679), que «à partir de quarante ans, ou plus, il est devenu plus sain et avait alors un teint plus frais et rosé. Il était *sanguin-mélancolique*, ce qui, selon les physiologistes, donne le caractère le plus ingénieux».

L'ouvrage sur la physiognomonie le plus ancien que nous connaissions a été l'oeuvre d'Aristote (384-322 av. J.-C.), ancien élève de Platon et tuteur d'Alexandre le Grand, bien qu'un grand nombre d'érudits ne soient pas convaincus qu'il soit l'auteur des *Secrets de la nature quant à la physiognomonie*. Le livre est divisé en six chapitres et traite de physiognomonie dans son sens le plus large, décrivant la signification de toutes les parties du corps humain, de la tête aux pieds. C'est un ouvrage important, non pas parce qu'il est particulièrement profond ou exaltant, mais parce qu'il sert de base à la physiognomonie occidentale, qu'il maintient depuis plus de deux mille ans. En effet, les écrits de la plupart des physiognomonistes ultérieurs ne sont rien de plus que des réécritures des idées d'Aristote, dénuées de toute pensée originale et de toute observation indépendante.

Fait intéressant, c'est Aristote qui a ajouté un autre élément aux quatre postulés par Empédocle; il l'a appelé éther et l'imaginait divin et incorruptible. Dans *De Mundo*, le grand philosophe nous parle de «cinq éléments, contenus dans des sphères dans cinq régions, le moins important étant, dans chaque cas, entouré par le plus grand, nommément la terre, entourée d'eau, l'eau entourée d'air, l'air entouré de feu et le feu entouré d'éther, composant l'univers entier. Toute la partie supérieure représente le monde des dieux, et la partie inférieure, le monde des créatures mortelles».

Toutefois, Aristote ne va pas jusqu'à dire que cela signifie qu'il existe cinq tempéraments humains ni que l'âme humaine est faite d'éther, ce qu'il aurait raisonnablement pu faire. En fait, je ne mentionne le cinquième élément d'Aristote que parce que son hypothèse parallèle étroitement celle des Chinois, qui, à l'époque, étaient en train de développer leur propre théorie de cinq éléments, de même qu'un système de physiognomonie qui a persisté, avec un nombre important d'ajouts, jusqu'à nos jours.

Ce lien apparemment fortuit avec les Chinois se produit de nouveau à la fin de *De Mundo*, quand Aristote dit: «Dieu est unique et a plusieurs noms, selon les diverses conditions qu'il crée lui-même. Nous l'appelons Zen et Zeus, deux noms qui ont le même sens, comme si nous devions dire «celui par qui nous vivons».» Le nom Zen vient du grec et signifie «vivre». Plus tard, en Chine, une importante secte bouddhiste appelée Ch'an s'est développée, que nous connaissons mieux aujourd'hui sous son nom japonais de «Zen», signifiant «méditation». Le bouddhisme zen diffère du bouddhisme ordinaire en ce qu'il met l'accent sur la méditation comme moyen d'édification et en tournant le dos à la lecture des écrits saints. Le Zen est devenu populaire chez les samouraïs japonais, reflétant les prouesses martiales et l'esprit de conquête du plus célèbre disciple d'Aristote, Alexandre le Grand.

Avant de quitter les Grecs, je me dois de souligner que Socrate (470-399 av. J.-C.), le célèbre précurseur d'Aristote, était un physiognomoniste de grand talent. Nous savons, grâce à Platon, qu'il a prédit le succès d'Alcibiade en lisant les lignes de son visage, et Apulée nous dit que Socrate a deviné les extraordinaires talents de Platon dès leur première rencontre, à partir de son visage et de son physique en général. Encore plus surprenante est l'histoire d'un physiognomoniste nommé Zopyrus qui, en voyant les traits de Socrate, l'avait déclaré stupide, sensuel et terne et Socrate s'était dit d'accord avec lui, expliquant que telle avait été sa nature jusqu'à ce qu'elle soit rectifiée par l'étude de la philosophie.

Nous savons, par les écrits de Juvénal, de Pline, de Suétone et d'autres, que la physiognomonie était populaire chez les Romains. Par exemple, Suétone raconte qu'on avait demandé à un certain physiognomoniste, qu'il ne nomme pas, de lire le visage et de prédire l'avenir de Britannicus, le beau et populaire fils de l'empereur d'alors,

Claudius, à qui l'on supposait qu'il succéderait. Le physiognomoniste a examiné attentivement Britannicus puis, à la grande surprise de tout le monde, a annoncé que le jeune homme ne succéderait pas à son père «mais que Titus (qui était présent) parviendrait à cette distinction». Et c'est exactement ce qui est arrivé. Britannicus a été empoisonné par Néron qui, à son tour, a été détrôné par le vieillissant Galba, à qui ont succédé Otho, Vitellius et Vespasien, jusqu'à ce que, finalement, Titus devienne empereur. Suétone dit, à propos de Titus, que «pas grand, il était toutefois gracieux et digne, musclé et beau, bien qu'un peu bedonnant».

Le seul problème avec cette histoire, c'est qu'elle est presque identique à celle du jeune Octavius, bien que ce soit par l'astrologie, et non par la physiognomonie, que son avenir a été révélé. Apparemment, Octavius, accompagné de son ami Agrippa, avait un jour rendu visite à Théogène, le célèbre astrologue. Ce dernier a d'abord tracé la carte d'Agrippa, à qui il a prédit une carrière publique remarquable. En entendant cela, Octavius a refusé de révéler sa date de naissance à Théogène parce qu'il craignait que son destin ne soit pas aussi favorable. Toutefois, il s'est finalement laissé convaincre. Théogène a tracé sa carte et a immédiatement deviné qu'il était destiné à un brillant avenir. En fait, il était tellement impressionné par ce qu'il a vu qu'il s'est jeté aux pieds du futur empereur. Et il avait raison, car, le moment venu, Octavius a revêtu la pourpre et a pris le nom d'Auguste. Les lecteurs dont l'astronomie retient l'attention seront peut-être intéressés de savoir qu'Octavius (ou Auguste) est né en 63 av. J.-C., le 23 septembre, date de naissance qui coïncide avec celle d'un des physiognomonistes les plus réputés de la Renaissance, Gerolamo Cardano, dont nous reparlerons plus loin.

Les oeuvres de deux physiognomonistes romains sont parvenues jusqu'à nous, bien que les deux ouvrages soient largement aristotéliciens quant à leurs contenu et point de vue. Toutefois, celles de Polémon, qui a vécu au milieu du IIe siècle, traitent, avec une profondeur sans précédent, de la nature et des attributs physiques des quatre types de tempérament, alors que l'un des deux ouvrages signés par Adamantius, un Juif qui s'est converti au christianisme, examine avec une certaine originalité la signification des expressions des yeux.

Après la chute de l'empire romain, le continent européen a vécu un vide culturel connu sous le nom de l'âge des ténèbres, qui a persisté jusqu'à ce qu'une lumière fraîche s'allume en Italie, lors de la Renaissance. Durant cette longue et noire période, les anciens textes traitant de tous les domaines du savoir humain ont été perdus ou oubliés et n'ont donc pas été lus, sauf dans les monastères, où l'on déployait de grands efforts pour transmettre la tradition du savoir et de l'érudition. Par conséquent, il n'y a pas eu d'apport important aux ouvrages existant sur la physiognomonie, d'autant que son étude, de même que l'étude de la chiromancie, de l'astrologie et des autres sciences «occultes» étaient considérées comme une superstition païenne et, par conséquent, l'oeuvre du diable.

Heureusement toutefois, les Arabes n'étaient pas aussi stricts et l'on croit qu'ils ont souvent eu recours à la physiognomonie pour comprendre le caractère et le destin humains. Marco Polo (1254-1324) nous a certainement fait savoir, dans son récit intitulé *Les Voyages*, que Bagdad «est un grand centre d'étude de la loi de Mahomet et de la nécromancie, des sciences naturelles, de l'astronomie et de la physiognomonie». Ali ben Ragel nous a laissé un ouvrage sur la signification des taches de naissance et des grains de beauté, et Rhazes a publié, en l'an 1040, un volume dans lequel il a consacré plusieurs chapitres à la physiognomonie. De plus, le médecin et philosophe Avicenne (980-1037) a traité assez longuement de physiognomonie dans *De Animalibus*, bien qu'il ait beaucoup emprunté à Aristote et à d'autres écrivains grecs et romains. Il en va de même des allusions au sujet faites par Ibn Rushd ou Averroes (1126-1198) dans *De Sanitate*, publié en 1165.

Marco Polo a également écrit que, lors d'un séjour en Inde orientale, il a remarqué qu'«il y a un grand nombre d'experts de l'art appelé physiognomonie, c'est-à-dire la reconnaissance des caractères des hommes et des femmes, bons ou mauvais. Il consiste tout simplement à observer l'homme ou la femme». Toutefois, les Indiens savaient depuis longtemps que l'extérieur de la personne représentait son état intérieur. On pouvait lire en effet, dans le *Svetasvatara Upanishad*, probablement composé aux environs de 500 ans av. J.-C., que «les premiers signes d'évolution sur la voie du yoga sont la santé, le bien-être physique, la clarté du teint, une belle voix, une odeur personnelle agréable et l'absence de désirs irrésistibles». Et même au Tibet bouddhiste d'aujourd'hui, le Dalaï Lama réincarné est reconnu à certains signes physiques, qui sont des marques de divinité.

Ainsi que nous l'avons déjà mentionné, les Chinois ont élaboré un système original d'interprétation du visage à une époque antérieure au christianisme, système qui était toutefois probablement basé sur des techniques de physiognomonie importées de l'Inde. Il y a un grand nombre d'allusions à la physiognomonie dans des textes chinois remontant à 300 ans av. J.-C et, en fait, chez les Chinois, l'interprétation du visage est restée jusqu'à nos jours une méthode importante d'analyse du caractère et de divination. Par exemple, un ouvrage du IIIe siècle av. J.-C. raconte que le mandarin Ts'ai Tse a visité un célèbre physiognomoniste, qui l'a examiné, s'est mis à rire et a dit: «Monsieur, vous avez un gros nez, des sourcils épais, des épaules hautes, un air dominateur et un esprit lâche. J'ai entendu dire que les hommes supérieurs ne consultent pas les physiognomonistes; pourquoi ne suivez-vous pas leur exemple?» À quoi Ts'ai Tse a répondu que, même s'il possédait la richesse et les honneurs, il ne savait pas combien de temps il allait vivre. «Ah! de répondre le devin, vous pouvez avoir l'esprit tranquille. Il vous reste 43 ans à vivre.» C'était évidemment une prédiction qui plaisait à Ts'ai Tse. Et elle s'est révélée juste!

L'ancienne doctrine des cinq éléments joue un rôle central dans l'interprétation orientale du visage, et ces éléments symbolisent les cinq types d'êtres humains, qui possèdent chacun leurs propres caractéristiques physiques particulières, de la même façon que les quatre éléments empédocléiens ont fini par représenter les quatre types d'homme occidental. Les cinq éléments chinois sont le feu, la terre, l'eau, le métal et le bois.

Il est très remarquable que les trois premiers éléments aient été partagés par l'Orient et l'Occident, puisqu'il n'y avait pas de possibilité d'échanges d'idées entre les cultures du temps ou avant l'époque d'Empédocle, mort environ 50 ans avant qu'Alexandre le Grand et son armée atteignent l'embouchure de la rivière Indus. En fait, cela semble absolument inexplicable.

Cinq était le chiffre magique des Chinois, qui voyaient ce nombre (comme je l'ai souligné dans mon livre intitulé *Fortune-Telling with Numbers*) partout où ils regardaient. Les Chinois reconnaissaient cinq couleurs, cinq sens humains, cinq odeurs, cinq goûts, cinq zones spatiales, cinq notes musicales, cinq métaux, cinq devoirs, cinq directions, cinq principaux traits faciaux: les oreilles, les sourcils, les yeux, le nez et la bouche, et une pléthore d'autres cinq trop nombreux pour être mentionnés ici. Malheureusement, le manque d'espace ne permet pas une considération plus détaillée de l'histoire et de l'évolution de l'interprétation chinoise du visage, bien que l'on traitera, en temps opportun, de certains aspects de cet art, notamment en ce qui a trait à la prédiction de l'avenir.

La Renaissance européenne a commencé en Italie au cours du XVe siècle, à la suite de la chute de Constantinople (1453), qui a donné lieu à l'immigration, en Italie, de réfugiés grecs qui ont apporté avec eux des milliers de manuscrits classiques, et de l'invention de l'imprimerie (1454), qui a permis de publier, à peu de frais, les ouvrages traduits, qui ont été accueillis par des lecteurs nombreux et avides de savoir. Les gens instruits pouvaient enfin lire les pensées et les idées de Platon, Aristote,

Ovide, Horace, Pline, Lucrèce, Cicéron et d'autres, des modèles qui ont encouragé l'épanouissement du génie italien, qui s'est répandu dans toute l'Europe, ouvrant les esprits des hommes et élargissant leur vision, ce qui s'est traduit par des progrès importants dans les domaines de l'art, de la musique, des sciences, de la littérature, de la philosophie et de l'économie.

Il n'est donc pas étonnant que cette période importante ait mené à des spéculations philosophiques renouvelées quant à la nature de l'homme et à un regain d'intérêt pour les arts comme l'astrologie et la physiognomonie, qui offraient un moyen de comprendre. Et parce qu'Aristote et d'autres sommités en avaient parlé, ils ont suscité l'intérêt malgré l'hostilité de l'Église.

Pourtant, un certain nombre d'auteurs avaient écrit au sujet de l'interprétation du visage avant la Renaissance, mais leurs ouvrages avaient fait l'objet d'une distribution restreinte. Par exemple, Albertus Magnus (1193-1280), l'évêque de Ratisbonne, érudit et scientifique distingué, de même que théologien, a révélé comment on peut lire un visage, dans son ouvrage intitulé *De Animalibus*, bien qu'une grande part de ce qu'il a écrit ait été plagiée parmi les écrits d'Aristote et de Polémon. Son contemporain, Michael Scot (c. 1175-1232), appelé «le sage de Balwaerie», a écrit un ouvrage sur la physiognomonie intitulé *De Hominis Phisiognomun*, alors qu'il était astrologue de la cour sous l'empereur Frederick II. L'oeuvre de Scot a été le premier ouvrage sur la physiognomonie à être imprimé lors de sa publication en 1477, et il est vite devenu un livre à succès. Par ailleurs, le médecin italien et alchimiste Pietro d'Abano (1250-1316) a écrit plusieurs livres sur l'astrologie et sur la physiognomonie.

Au cours du XVIe siècle, un grand nombre de textes sur la physiognomonie ont été publiés, signés par des auteurs obscurs, tels que Pomponius Guaricus, Bartolomeo Cocles (qui a aussi écrit sous le pseudonyme de Andrea Corvo), Jean Taisier, Michael Blondes, Anselm Douxciel, Jean de Ingadine, Gratarolus, Magnus Hund et, les plus connus, Gerolamo Cardano et Giovanni (ou Giambattista) della Porta. Le premier ouvrage écrit en anglais a paru en 1577. Il s'agissait de l'ouvrage du Dr Thomas Hill intitulé *The Contemplation of Mankyinde, Contayning a Singular Discourse after the Art of Physiognomie* qui était, toutefois, farci d'emprunts. L'ouvrage original le plus ancien, écrit en anglais, est donc *A Pleasant Introduction to the Art of Chiromancie and Physiognomie* (1588), anonyme.

Le moment est venu d'examiner la vie et le travail de Cardano et de Porta, que nous avons déjà mentionnés et dont les ouvrages sur la physiognomonie, qui étaient originaux et qui ont eu une grande influence, ne constituent cependant qu'une partie infime d'oeuvres volumineuses et variées.

Gerolamo Cardano, connu aussi sous son nom anglicisé de Jerome Cardan et sous son nom latin de Hieronymum Cardanum (ou Hieronymus Cardanus) était un véritable homme de la Renaissance. Né à Pavie, près de Milan, en Italie, le 23 septembre 1501, il est devenu non seulement l'un des plus grands mathématiciens de son époque — son *Ars Magna* est encore consulté aujourd'hui — mais aussi, après Versalius, son plus grand médecin. Ses 83 ouvrages sur la médecine constituent presque une bibliothèque à eux seuls, et ils ont été accompagnés d'autres ouvrages sur les mathématiques, l'astronomie, la physique, la théologie, l'astrologie, l'analyse des rêves, la physiognomonie et les jeux d'argent.

Cardano se distingue par sa conviction que le caractère et le destin d'une personne sont symbolisés par la forme, les lignes et les marques sur son front qui, à son avis, peuvent fournir autant d'information qu'une carte du ciel à l'observateur perceptif. Il a écrit un total de 13 ouvrages sur l'art de la métoscopie ou interprétation du front, dont il était considéré le maître, et certaines de ses observations seront étudiées dans un chapitre ultérieur.

Nous sommes chanceux que Cardano nous ait laissé une description de lui-même dans son autobiographie, *De*

Vita Propria Liber (Le Livre de ma vie), qu'il a complétée peu avant sa mort en 1576. Son profil, dessiné à partir d'une peinture de lui à l'âge de 68 ans, apparaît à l'illustration 1. Il écrit: «Je suis un homme de taille moyenne… (avec) un cou un peu long et qui a tendance à être un peu maigre, un menton fendu, une lèvre inférieure pleine et pendante et des yeux qui sont très petits et qui ont l'air à moitié fermés; à moins que je fixe quelque chose… Au-dessus de mon sourcil gauche se trouve une marque ou verrue, comme une petite lentille, qu'on remarque à peine. Mon front large est chauve sur les côtés, au niveau des tempes… J'ai un regard fixe, comme si je méditais. Mon teint est changeant, allant du blanc au rouge. Mon visage est ovale, pas très bien rempli et ma tête est étroite à l'arrière et délicatement arrondie.»

Illustration 1: Gerolamo Cardano .

Malheureusement, pour des raisons qui ne sont pas claires, Cardano tente, dans son autobiographie, de se distancer de ses études sur l'astrologie et sur la physiognomonie et affirme que la physiognomonie

> est une voie longue et des plus difficiles, une voie qui exige une mémoire exceptionnelle et une excellente perception, attributs que je ne me reconnais pas... J'y ai discerné quelques vérités nébuleuses, mais quant à savoir s'il s'agit vraiment de vérités ou plutôt d'illusions, je ne saurais dire, car on peut se laisser prendre à des illusions simplement à cause du nombre d'hommes et d'impressions et de leurs incessantes mutations.

Giovanni Battista della Porta avait peu en commun avec le solitaire Cardano. Contrairement à son compatriote plus âgé, il était un homme ouvert, sociable, qui a combiné avec succès ses activités scientifiques et son intérêt pour les arts. Né à Naples en 1538, où il est aussi décédé en 1615, Porta est devenu le fondateur de l'Academica dei Segretti, a fait des expériences en physique et en optique, dont il a fait état dans plusieurs ouvrages importants, s'est intéressé au jardinage et en a fait un art, a écrit une série de comédies qui ont eu beaucoup de succès au théâtre et a fait des recherches sur plusieurs pratiques ésotériques, telles que la magie et l'astrologie. En fait, son ouvrage le plus connu traite de *Magia Naturalis* ou magie naturelle.

En 1586, Porta a publié un ouvrage intitulé *De Humana Physiognoma* (La Physionomie de l'homme), dans lequel il compare les ressemblances de personnes avec certains animaux, élaborant, par le fait même, la théorie selon laquelle si une personne ressemble à un animal en totalité ou en partie (par exemple en ayant de longues oreilles), son tempérament ressemblerait nécessairement, dans une plus ou moins grande mesure, à celui de l'animal. Ce n'était certes pas une idée nouvelle car non seulement l'homme primitif avait-il reconnu un lien quasi mystique entre lui-même et les animaux avec qui il partageait les forêts et les savanes, mais cette théorie avait été commentée par Aristote et par d'autres auteurs, au point où tout le monde en avait entendu parler. Le célèbre médecin du XVIIe siècle, Sir Thomas Browne (1605-1682), l'a expliquée simplement dans son ouvrage *Christian Morals*. Il a dit:

> On remarque souvent que les hommes agissent vraiment comme ces créatures, dont la constitution, les parties et le caractère prédominent dans leurs mélanges. C'est une des bases de la physiognomonie et il s'y trouve un fond de vérité, non seulement chez des personnes en particulier, mais aussi chez des nations entières. Il s'agit donc, par conséquent, de visages provinciaux, de lèvres et de nez nationaux, qui témoignent non seulement de la nature de ces pays, mais aussi des personnes d'ailleurs qui ont les mêmes caractéristiques.

Toutefois, Porta a présenté son point de vue, qu'il a illustré au moyen de dessins frappants (illustration 2), de manière nouvelle et scientifique et son ouvrage est devenu un livre à succès. Bientôt, il ne se trouvait plus un aristocrate ni un membre de la classe moyenne en expansion qui n'eût examiné son propre visage dans un miroir pour voir s'il s'agissait d'un visage ovin, bovin, chevalin, porcin, félin, canin ou simplement pisciforme.

Bien sûr, les gens ont souvent des ressemblances frappantes avec des animaux ou des oiseaux, comme le démontre graphiquement l'illustration 3 et les personnes qui ont de tels traits se sentent souvent une étrange affinité pour la créature en question. Comment expliquer autrement le désir exprimé par Yehudi Menuhin, et révélé par l'auteure Fleur Cowles dans son livre *People as Animals*, d'être un aigle; celui de David Jacobs d'être un singe; celui de Bernard Levin d'être un chat; celui de Jilly Cooper d'être un chien bâtard et celui de Peter Ustinov d'être une salamandre?

Toutefois, bien qu'une personne puisse ressembler à un chat, à un chien ou à quelque autre animal, pouvons-nous vraiment être d'accord avec l'affirmation de Sir Thomas Browne, à l'effet que des «nations entières» auraient de telles ressemblances? Après tout, bien que je n'éprouve aucune difficulté à imaginer Jacques Chirac ou François Mitterrand assis au bord d'une mare, aurais-je raison d'affirmer que tous les Français ressemblent à des grenouilles? Ces prétendues ressemblances nationales avec des ani-

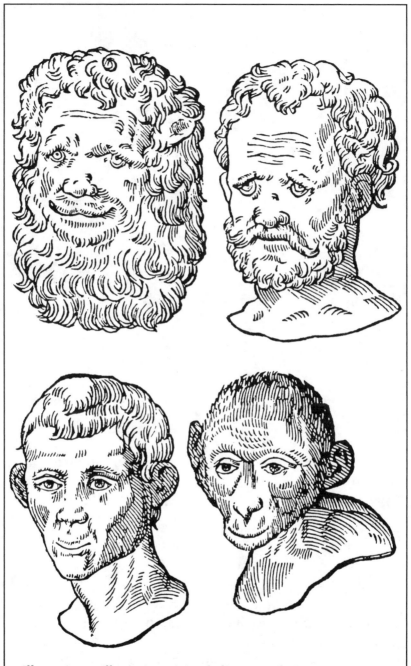

Illustration 2: Illustrations tirées de l'ouvrage de Porta et montrant la supposée ressemblance entre les hommes et certains animaux.

Illustration 3: Yvonne et Louise Veness, infirmières d'animaux sauvages, et quelques animaux dont elles ont la charge.

maux ont été explorées franchement par un médecin américain du nom de James W. Redfield, dans son livre intitulé *Comparative Anatomy*, publié en 1852.

Redfield commence son ouvrage, qui n'a rien à voir avec l'anatomie médicale, en soulignant les ressemblances entre certains personnages célèbres et certains animaux. Il maintient, par exemple, que Guillaume le Conquérant, Oliver Cromwell, Robert Boyle et Andrew Jackson ressemblaient à des lions; qu'Anne de Clèves, la quatrième épouse d'Henri VIII, ressemblait à un écureuil; et que Suraj-au-doula, le nabab hindou qui a emprisonné 146 Anglais et Anglaises dans le Trou noir de Calcutta, était un rat, d'apparence et de nature.

Il poursuit en disant:

Les animaux auxquels les hommes ressemblent le plus souvent sont ceux dont ils dépendent le plus, soit parce qu'ils mangent leur chair, soit qu'ils s'en font des montures. C'est ainsi que la ressemblance s'accroît.

Et c'est pourquoi Redfield établit, plutôt étrangement, une ressemblance entre les Lapons et les rennes, les Arabes et les chameaux, les Italiens et les chevaux, les Espagnols et les coqs, les Grecs et les moutons, les Turcs et les dindes, les Perses et les paons, les Français et les grenouilles, les Irlandais et les chiens, les Bretons et les boeufs, les Américains et les ours polaires et les Russes et les ours russes.

Enthousiasmé par son sujet, il poursuit:

Il est étrange de souligner la ressemblance entre les Juifs et le bouc, dans l'apparence générale et dans les traits et les expressions du comportement. Les signes d'attaque et de défense relative dans la convexité du nez; les grands signes d'esprit d'acquisition et d'amour du vêtement dans les dimensions de cet organe; l'amour de l'éminence et de l'élévation, dans l'aile de la narine; le désir de concentration, dans la petitesse de la lèvre supérieure; la puissance de l'amour du foyer et de la fierté familiale, dans la longueur et la rigidité de la lèvre inférieure; l'énergie et l'impulsivité de l'amour et de la volonté, dans la barbe et le menton; les signes de substitution, de subterfuge et de passion pour l'escalade, dans l'arête du sourcil; l'air d'attention pour les objets externes, et bien d'autres choses, trahissent la relation entre les Israélites et le bouc.

La musculature du Noir le lie particulièrement, selon Redfield, à l'éléphant, bien que:

Les tribus africaines dont les querelles fournissent des victimes à la traite des Noirs sont une variété de Noirs qui ressemblent davantage à des poissons qu'à des éléphants. Attraper un Noir est comme attraper un poisson et ceux qui se font prendre sont entassés dans des bateaux comme de la morue et de l'huile de baleine; et n'était-ce qu'ils ressemblent à des poissons, et c'est une impression qui court, on en a une vague perception, la traite des Noirs serait une entreprise absolument infernale.

Toutefois, Redfield admet qu'il n'existe pas de division claire entre les Noirs qui ressemblent à des éléphants et ceux qui ressemblent à des poissons de façon générale. Il dit:

> Parmi le groupe de Noirs qui ressemblent à des poissons, certains sont semblables à des baleines et ces dernières s'apparentent à ceux qui ressemblent à des éléphants. Les deux types aiment laisser échapper des jets d'eau, comme le font aussi les animaux, et cela ouvre un canal qui permet à leurs ambitions d'entrer en eux... le Noir se distingue lui-même par son rire autant que par sa verbosité et l'accent qu'il place sur le premier démontre qu'il lui attache une grande importance.

Ce genre de foutaise a fait beaucoup de tort à la physiognomonie, d'autant plus qu'elle avait énormément souffert des attaques des philosophes naturalistes du XVIIIe siècle, déterminés à déraciner tout ce qui sentait la superstition. Le fait qu'elle ait survécu est attribuable en grande partie à un homme, le savant suisse Johann Kaspar Lavater (1741-1801), qui était doué d'un talent intuitif remarquable pour l'analyse des hommes à partir de leur visage, et dont l'honnêteté, l'enthousiasme et le charme naturel transpirent très clairement dans les pages des ouvrages qu'il a publiés. «Le physiognomoniste parfait, nous dit-il, doit réunir un esprit d'observation aigu, une imagination débordante, un jugement excellent et, alliés à de nombreux penchants pour les arts et les sciences, un enthousiasme puissant et bienfaisant et un coeur innocent; un coeur confiant en lui-même et dénué de passions hostiles à l'homme.»

Le lecteur sera peut-être intéressé à examiner l'autoportrait que Lavater a inclus dans sa *Physiognomonische Fragmente* (1778), dont il fait le commentaire suivant:

> Une mauvaise illustration de l'auteur de ces fragments, quoique pas absolument erronée. L'aspect général, et surtout la bouche, exprime une tranquillité inoffensive et une bienfaisance versant presque dans la faiblesse: — plus de compréhension et moins de sensibilité dans le nez que l'auteur lui-même croyait posséder — un certain talent pour l'observation dans l'oeil et le sourcil.

Toutefois, malgré les talents d'interprète de Lavater, qui étaient certainement impressionnants — et le manque d'espace ne nous permet pas de raconter les histoires qui les démontrent — il n'a pas pu ajouter grand-chose de neuf à l'art de l'analyse faciale. Et la science, qui avait déjà rejeté l'âme, était déterminée à séparer l'esprit du corps, en niant que l'une ait un effet sur l'autre. C'était une position qui a eu pour effet de châtrer la thèse centrale de la physiognomonie, à savoir que la personne extérieure symbolisait la personne intérieure, dont le caractère et le tempérament pouvaient se lire dans son visage et son physique. Par conséquent, les scientifiques n'ont pas tenu compte de Lavater ou l'ont ridiculisé en le traitant d'imposteur inoffensif et la physiognomonie a été considérée de plus en plus comme «une supposée méthode servant à déterminer le caractère à partir des traits du visage». L'art a ensuite été presque entièrement éliminé par la phrénologie, ou interprétation du crâne, qui est soudain devenue, en même temps que le spiritualisme, un sujet psychique à la mode durant les années d'éclairage à l'huile du XIXe siècle, alors que des nombres croissants de personnes s'entassaient dans les villes, avides d'amusements nouveaux et différents.

Illustration 4: Johann Kaspar Lavater.

La phrénologie a été inventée par un médecin viennois du nom de Franz Joseph Gall (1758-1828), qui prétendait avoir localisé certaines régions spécifiques du crâne dont le développement, ou l'absence de développement, reflétait le développement sous-jacent du cerveau et révélait, par conséquent, le caractère et la mentalité de la personne concernée. Il est ironique que la découverte de Gall soit née de son observation, alors qu'il était écolier, d'un lien entre des traits faciaux particuliers et certains talents particuliers — il avait remarqué, par exemple, que les garçons doués d'une bonne mémoire verbale avaient un large espace entre les yeux — et qu'il ait fini par se concentrer sur le relief du crâne, plutôt que sur celui du visage. Il a aussi été chanceux de trouver un disciple énergique en la personne de Johann Spurzheim (1776-1832) qui, par ses écrits et ses tournées de conférences à l'étranger, a fait connaître la phrénologie, plus particulièrement aux États-Unis, où elle a été chaleureusement accueillie.

Toutefois, bien que la phrénologie fût et soit une ramification de la physiognomonie, elle a, en fait, détourné l'attention de l'interprétation du visage et des autres méthodes d'analyse du caractère et du destin humains à partir des parties du corps, telle que la chiromancie. Toutefois, si ces méthodes étaient en baisse de popularité, elles n'ont pas disparu complètement. La chiromancie a été ressuscitée par le comte Louis Hamon, mieux connu sous le nom de Cheiro, et l'interprétation du visage a connu un nouvel essor inattendu grâce à l'éminent criminologue Cesare Lombroso. C'était une histoire d'universitaire italien se portant à la rescousse de ce qui était essentiellement un art italien.

Chapitre 2
LE VISAGE DES CRIMINELS

L'homme perspicace nous reconnaîtra des têtes de repris de justice:
nous avons un comportement douteux, retenu, et nous nous faufi-
lons souvent sournoisement à travers les ruelles étroites.

Jonathan Swift.

Le criminel, ou plutôt un certain type de criminel, a
un visage distinctif. L'analyse de ses traits servira d'introduction utile à l'art de l'interprétation du visage et aidera
peut-être le lecteur astucieux à éviter de se lier à son insu
avec les membres les plus violents et les plus dangereux
de la confrérie des criminels.

L'étude de la physionomie d'un criminel a été abor-
dée pour la première fois par Cesare Lombroso, fondateur
du Modern or Positivist School of Criminology (Collège
de criminologie moderne ou positiviste). Né à Vérone, en
Italie, le 18 novembre 1835, Lombroso a d'abord été médecin pour l'armée et, durant cette période, il a été «frappé
par une caractéristique qui distinguait l'honnête soldat de
son camarade méchant: l'étendue de ses tatouages et
l'indécence des dessins qui couvraient son corps».

Quand il a quitté l'armée en 1866, Lombroso s'est mis
à étudier la psychiatrie, domaine qui, combiné à la juris-
prudence médicale, allait l'absorber toute sa vie. Tout à
fait par coïncidence, il est devenu professeur de psychiatrie à l'université de Pavie, lieu de naissance de Gerolamo

35

Cardano, puis directeur d'un hôpital psychiatrique de Pesaro et, enfin, professeur de médecine légale à l'université de Turin. Il n'a pas mis de temps à comprendre

> à quel point il est nécessaire, lorsqu'on étudie les malades mentaux, de se concentrer sur le patient et non sur la maladie. En reconnaissance de ces idées, j'ai appliqué à l'examen clinique de l'aliénation mentale l'étude du crâne, aux points de vue mesures et poids, au moyen d'un esthésiomètre et d'un crâniomètre. Rassuré par les résultats de ces premières étapes, j'ai cherché à appliquer cette méthode à l'étude des criminels.

Lombroso a été encouragé à pousser plus avant par l'étrange découverte qu'il a faite à l'intérieur du crâne du célèbre brigand Vilella, dont il avait fait l'autopsie. En ouvrant le crâne, il a découvert une dépression distincte, qu'il a nommée *median occipital fossa*, à l'endroit où se trouve normalement une arête osseuse, accompagnée d'une dilatation du vermis ou moelle épinière, ces deux traits étant caractéristiques de l'intérieur du crâne des rats, des singes et des oiseaux. Il a écrit plus tard:

> À la vue de ce crâne, il m'a semblé voir tout à coup, illuminé comme une vaste plaine sous un ciel flamboyant, le problème de la nature du criminel: un être atavique qui reproduit dans sa personne les instincts féroces de l'humanité primitive et des animaux inférieurs.

En d'autres termes, le criminel ou, plus exactement, le criminel-né ou congénital qui, en tant que groupe, constitue environ le tiers des hors-la-loi, est un anachronisme issu d'une étape antérieure du développement humain, beaucoup plus sauvage et bestiale. Et de tels êtres, ainsi que l'a découvert Lombroso, se distinguent par des marques extérieures spécifiques ou stigmates, de même que par certains traits de caractère. Ainsi, Lombroso avait découvert par hasard une vérité reconnue depuis des milliers d'années par les physiognomonistes et qu'il vaut la peine de répéter: tel l'extérieur, tel l'intérieur.

Le «criminel-né», que Lombroso considérait comme moralement fou, est incapable de faire la différence entre le bien et le mal et il est possible qu'il croie que ses actes criminels sont justes et entièrement justifiables. Il n'a pas de conscience et éprouve rarement, sinon jamais, de remords pour ce qu'il a fait. C'est un enfant difficile et souvent violent, qui fait l'école buissonnière ou qui, s'il fréquente la classe, est un élève turbulent; il commet des méfaits insignifiants à un jeune âge et, durant l'adolescence, s'adonne au vandalisme et à des crimes plus sérieux, comme le vol à l'étalage, le vol avec agression et le trafic de la drogue. Typiquement, il n'éprouve aucun sentiment pour les autres êtres humains, plus particulièrement pour sa propre famille, bien qu'il lui arrive souvent de manifester de l'affection à des étrangers ou aux animaux. Il est paresseux, impulsif, vindicatif, vantard, cruel et aime le vice et les jeux d'argent. Sous ces aspects, il est conforme au caractère de l'empereur romain Commodus, au sujet duquel l'historien Aelius Lampridius souligne que, «dès le début de son adolescence, il était vil, effronté, cruel, lascif, débauché et il avait la bouche sale... À l'âge de douze ans, à Centumcellae, il a annoncé clairement sa cruauté future. Car, mécontent parce que son eau de bain était tiède, il a ordonné que le responsable soit jeté dans la fournaise». Pourtant Commodus, comme Caligula, son prédécesseur tout aussi débauché, était bon avec les animaux, comme l'était le dictateur nazi Adolf Hitler.

En ce qui concerne la personne extérieure, Lombroso a découvert que le criminel-né présente certaines des caractéristiques suivantes:

- Le visage est disproportionnellement large par rapport au crâne, au cou et au corps.

- Le visage est asymétrique: les yeux et les oreilles peuvent être placés à des hauteurs différentes, le nez est croche ou penche d'un côté, la bouche est inégale, etc.

- Le front est étroit.

- Les oreilles sont anormalement grosses ou décollées de la tête. Ou, au contraire, elles sont anormalement petites.

- Les sourcils sont épais et se joignent souvent au-dessus du nez.

- Il est souvent prognathe, c'est-à-dire qu'il a la mâchoire très développée, souvent semblable à celle du singe.
- Le nez est retroussé, exposant les narines.
- La barbe est mince et inégale.
- Les cheveux sont fournis et habituellement foncés, toutefois la direction de la croissance et la tendance à former des touffes sont anormales.

Le visage de l'illustration 5 a plusieurs des traits susmentionnés. C'est celui de Junzo Okudairo, membre du groupe terroriste de l'Armée rouge japonaise, actuellement recherché par la police pour attentats à la bombe, dont le plus récent, au moment d'écrire ces lignes, a eu lieu à Naples, en Italie, dans un club de nuit de la Marine américaine et a fait cinq morts. On le croit aussi responsable des attentats à la bombe commis en juin 1987 aux ambassades britannique et américaine à Rome.

Le visage d'Okudairo est large par rapport à la grosseur générale de sa tête et l'examen de ses traits révèle que

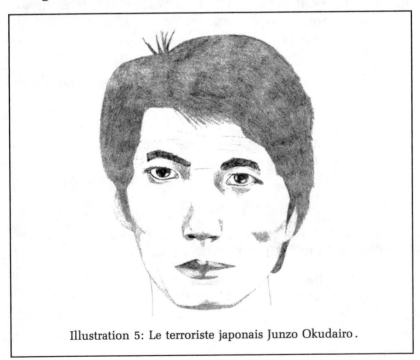

Illustration 5: Le terroriste japonais Junzo Okudairo.

son oeil et son sourcil droits sont plus élevés que ceux de gauche. Son nez a une tournure asymétrique, de même que sa bouche. Il a la mâchoire et le menton très forts. Ses sourcils sont fournis, un trait, en passant, que Lombroso a remarqué chez les meurtriers et les violeurs, et son front est étroit. Les cheveux du terroriste de quarante ans sont épais et foncés, et ont plusieurs touffes raides et droites près du sommet de la tête. Il n'a ni barbe ni moustache. Ses oreilles ne sont pas très visibles, mais la droite semble quelque peu décollée.

Le visage d'Okudairo présente un autre aspect négatif que Lombroso n'a pas catalogué mais que nous reconnaissons comme étant très significatif. Il s'agit du «flottement» vers le haut des iris, révélant le blanc des yeux entre l'oeil et la paupière inférieure. Les physiognomonistes orientaux ont nommé ce trait *sanpaku* et affirment qu'il symbolise le déséquilibre intérieur. C'est aussi un signe de mort violente et prématurée et qui, combiné à certaines autres caractéristiques négatives du visage d'Okudairo, indiquent qu'il n'en a plus pour longtemps à vivre.

Bien sûr, Okudairo ne se considère pas comme un criminel ordinaire mais plutôt comme un brave volontaire qui lutte pour libérer les peuples opprimés du monde. Pourtant, ses opinions et son comportement sont parfaitement conformes à ceux qu'a décrits Lombroso comme caractéristiques du criminel congénital. Il croit que la cause qu'il défend est moralement juste et tout à fait justifiable; il est prêt à mutiler et à blesser pour atteindre ses buts; et il n'a aucun remords pour ce qu'il a fait, même lorsque ses victimes étaient des personnes innocentes. Nous avons donc raison de dire que c'est un meurtrier moralement fou et, selon toutes probabilités, psychotique.

Il est facile, en effet, de comprendre pourquoi les groupes de terroristes de n'importe où dans le monde sont capables d'attirer des recrues, car ils offrent aux personnes amorales une façon supposément légitime de donner libre cours à leurs instincts meurtriers, tout en passant pour des héros auprès des membres du groupe qui les appuie mais qui sont moins cruels. Tous les pays ont des monstres de ce genre qui, s'ils ne deviennent pas des criminels ou des terroristes, se trouvent un créneau de violence comme membres de la police secrète, tortionnaires, tueurs à gages.

Les visages de l'illustration 6 sont ceux de gardes SS du fameux camp de concentration de Belsen, où ils ont fouetté, torturé et tué au gaz les prisonniers placés sous leur garde. Aucune personne émotionnellement rationnelle n'aurait pu participer à de telles activités sans perdre la raison. Pourtant, ces gardes ont servi le Reich avec un enthousiasme apparemment stoïque, sans conscience ni regret. Nous pouvons donc les considérer comme moralement fous et il est fascinant de découvrir que leurs visages, avec leurs asymétries et leurs autres traits négatifs, suggèrent amplement la stérilité de leurs âmes.

Toutefois, Lombroso reconnaissait que la plupart des criminels, soit environ les deux tiers, ne naissent pas criminels mais le deviennent à la suite d'influence de leur milieu. Il a appelé ce genre de criminels des *criminaloïdes*. En général, ils commettent surtout des types de crimes moins sérieux: vols, fraudes, falsifications de documents, bien qu'il leur arrive, à l'occasion, de commettre des meurtres. Ils commencent leurs carrières de criminels après quelques hésitations et à un âge beaucoup plus avancé que les criminels-nés. Lorsqu'on les arrête, non seulement admettent-ils souvent leur culpabilité mais ils expriment aussi du remords pour ce qu'ils ont fait. Et parce qu'ils possèdent quelques bonnes qualités, il est possible de les réformer et de les réintégrer dans la société.

Souvent, les criminaloïdes ne présentent pas les traits faciaux négatifs qui distinguent les criminels congénitaux et, s'ils les ont, c'est habituellement sous des formes plus atténuées et moins évidentes. En outre, il arrive souvent aux criminaloïdes de grisonner prématurément ou même de devenir chauves, ce qui n'arrive jamais au criminel-né. «Les faussaires et les escrocs, souligne Lombroso, ont habituellement une étrange expression amicale sur leur

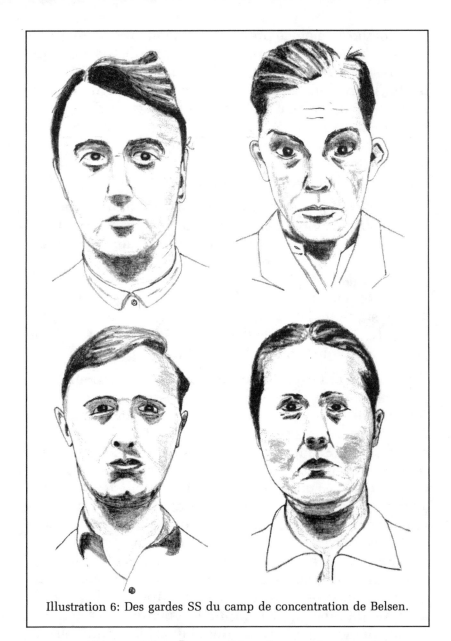

Illustration 6: Des gardes SS du camp de concentration de Belsen.

visage pâle, semblent incapables de rougir et ne font que pâlir davantage lorsqu'ils ressentent des émotions. Ils ont de petits yeux, un gros nez croche, deviennent grisonnants et chauves prématurément et ont souvent un visage efféminé.»

Lombroso a été le premier chercheur à remarquer que les hors-la-loi ont tendance à être de plus petite taille que la moyenne des personnes de leur entourage et qu'ils ont les bras plus longs que la normale, compte tenu de leur taille. Ses observations reliant le caractère à la physiognomonie ont été élaborées par le psychiatre allemand Ernst Kretschmer (1888-1964), qui a fait état de ses découvertes dans un ouvrage marquant intitulé *Korperbrau und Charakter* (Physique et Caractère), publié en 1921.

Kretschmer a établi un lien certain, antérieurement suggéré par Hippocrate, entre le corps et le tempérament. Il a établi deux types extrêmes de physique: la personne courte et grassette ou *pyknique* et la personne grande et mince ou *asthénique*, de même que deux types intermédiaires, la personne musclée ou *athlétique* et la personne au physique mélangé ou *dysplastique*, établissant ainsi quatre types correspondant approximativement et de façon générale aux quatre types décrits par Hippocrate.

La personne pyknique est de taille inférieure à la moyenne et a un physique rond et grassouillet, qui a habituellement tendance à s'arrondir encore davantage avec l'âge. Ses membres sont courts, pourtant ses mouvements sont gracieux. Sa tête, grosse, présente un visage large et rond et un petit nez. Son tempérament est *cyclique*, c'est-à-dire que, bien que l'individu soit normalement de tempérament extroverti, optimiste, insouciant et émotionnellement équilibré, son humeur peut changer rapidement et il peut se sentir malheureux et déprimé, ce qui explique que la plupart des maniaques dépressifs aient un physique pyknique. La personne de type pyknique est également prédisposée au cancer et aux troubles du coeur et du système sanguin, y compris l'hypertension artérielle. Il a été démontré que les délinquants et les criminels ont tendance à avoir un physique pyknique et à être extrovertis. Par conséquent, personne ne s'étonnera d'apprendre qu'un grand nombre de tyrans et de dictateurs, tels que Néron, Napoléon Bonaparte et Benito Mussolini étaient des types pykniques. Par ailleurs, Winston Churchill

Illustration 7: Winston Churchill.

(illustration 7) est un exemple d'un individu pyknique bienfaisant.

La personne asthénique, ou leptosomatique, a un tronc long et étroit et des membres longs et minces, ce qui lui donne habituellement une taille plus élevée que la moyenne. Elle a une petite tête et un visage long, étroit et osseux et un gros nez. Elle est rarement grasse. Son tempérament est *schizoïde*, c'est-à-dire qu'elle est introvertie, taciturne, timide et réservée. Toutefois, parce que son équilibre émotif est instable, elle a tendance à être nerveuse et impulsive. Typiquement, le schizophrène a un physique asthénique. Il est prédisposé à la tuberculose, aux maladies de la glande thyroïde et aux troubles nerveux, tels que l'insomnie et la névrose due à l'angoisse. Il déteste les sports de contact. Par contre, il aime les sports où il est avantagé par sa grande taille, tels que le ballon-panier, et ceux qui exigent de la patience et de la précision, tels que le golf et le billard, de même que les jeux de raquette et la course.

La personne athlétique se caractérise par sa taille moyenne, ses épaules larges, ses hanches étroites et sa musculature développée. De telles personnes ont souvent un visage large et angulaire, un nez plat et une mâchoire forte. Leur tempérament est essentiellement schizoïde et elles ont généralement tendance à souffrir des mêmes troubles physiques que les personnes asthéniques. Leur force et leurs intérêts les prédisposent à toutes sortes de travaux manuels — elles aiment particulièrement travailler à l'extérieur — de même qu'aux sports de nature individuelle, tels que la boxe, la lutte, le tir et l'haltérophilie. Le champion de boxe poids-lourd actuel, Mike Tyson, et le décathlète Daley Thompson, sont des exemples classiques de physique athlétique.

Les découvertes de Kretschmer ont subséquemment été raffinées et largement étoffées par l'Américain W.H. Sheldon, qui a inventé trois termes, qui sont depuis passés à l'usage courant, pour identifier les trois types physiques qu'il a décrits: *endomorphe, ectomorphe* et *mésomorphe*. Le premier correspond au type pyknique de Krestchmer; le second, au type asthénique; et le troisième, au type athlétique. Toutefois, contrairement à Kretschmer, Sheldon maintenait que chacun de ses trois types a son propre tempérament distinctif, qu'il croit lié à la partie du corps qui est accentuée.

L'endomorphe est *viscérotonique*, ou social, par nature; l'ectomorphe est *cérébrotonique*, ou intellectuel; et le mésomorphe est *somatonique*, ou physique. À cet égard, Sheldon suivait les traces des morphologues français qui, les premiers, avaient établi un lien entre le tempérament et la partie du corps la plus frappante. Ainsi, ils avaient identifié des types de personnes digestifs, thoraciques, musculo-articulés et cérébraux.

Aujourd'hui, les scientifiques et les psychologues attachent beaucoup moins d'importance au lien entre le tempérament et le physique, surtout parce que sa valeur pratique est limitée. Car, bien que les personnes pykniques, par exemple, soient plus susceptibles que les personnes de physiques différents à souffrir de manie dépressive, ce fait n'aide pas les médecins à identifier les personnes qui souffrent vraiment de ce trouble. De la même façon, bien que les «criminels-nés» présentent souvent les caractéristiques physiques décrites par Lombroso, les personnes qui présentent ces traits ne sont pas nécessairement toutes des criminels.

Une chose que Lombroso n'a pas remarquée, c'est que même un visage «mauvais» possède certains traits positifs, symbolisant des qualités ou des forces intérieures qui peuvent empêcher son propriétaire de devenir un criminel. Je vais maintenant examiner ces traits et d'autres, et expliquer, tout au long de l'ouvrage, comment vous pouvez interpréter votre visage et ceux d'autres personnes.

Chapitre 3
LES FORMES DE VISAGES

Chaque visage humain ressemble plus ou moins à un type, les caractéristiques individuelles se situant à l'intérieur de limites définies par l'hérédité et l'environnement; et les visages des hommes, longs, classiques ou ovales, carrés, ronds ou angulaires, peuvent se classer facilement en nombres plus ou moins grands de formes typiques.

Tiré de *The Human Face*, de John Brophy.

Aux yeux de l'artiste, la tête humaine ressemble à un oeuf placé sur un cylindre, la partie étroite vers le bas. Si l'on divise l'ovale en deux au moyen d'une ligne horizontale, celle-ci représente l'équateur de la tête, où sont situés les yeux. Au nord se trouvent les haies jumelles des sourcils, le désert pâle du front et, au plus loin, la forêt des cheveux ou, dans le cas de ceux qui, comme moi, ont été dénudés par la faux du Temps, le champ d'atterrissage des maringouins. Au sud, comme on pourrait s'y attendre, le paysage est plus varié et plus intéressant.

Toutefois, peu de têtes, sinon aucune, ont la symétrie parfaite de l'oeuf du modèle imaginaire de l'artiste et les visages sont loin d'être tous parfaitement ovales. Différents types de crânes, de dépôts graisseux, de naissances des cheveux donnent eux-mêmes aux visages différentes variations du trio magique: cercle, carré et triangle; et ce dernier, lorsqu'on le renverse, en forme un quatrième, le triangle inversé, en équilibre sur un point, et chacune de ces formes correspond à chacun des quatre élément d'Empédocle (illustration 8).

Illustration 8: Les quatre formes correspondant aux éléments.

Le cercle représente l'eau; le carré, la terre; le triangle à l'endroit, le feu; et le triangle inversé, l'air. Ces formes correspondent aux quatre caractères anciens. Les personnes à visage rond ont un tempérament aqueux ou flegmatique; celles à visage carré, un tempérament pratique ou mélancolique; celles à visage en triangle à l'endroit, un tempérament fougueux ou mélancolique; et celles au visage en triangle à l'envers, un tempérament éthéré ou sanguin.

Toutefois, dans la vie de chaque jour, il est courant de rencontrer des types intermédiaires, dont la géométrie a été quelque peu modifiée. Par exemple, un visage de largeur symétrique peut être suffisamment allongé pour former un rectangle; un triangle à l'endroit, sans pointe, a la forme d'un cône volcanique; et un triangle inversé attaché à une mâchoire carrée ressemble davantage à un seau. Ces variations, ajoutées aux quatre formes de base, donnent sept formes principales de visages et vous trouverez sûrement que le vôtre ressemble à l'une ou l'autre de ces formes (voir illustration 9).

En outre, ces sept formes peuvent être associées aux sept planètes traditionnelles de l'astrologie, à savoir la

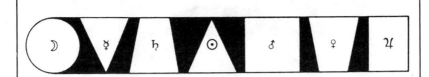

Illustration 9: Les sept formes et leurs associations astrologiques.

Lune, Mercure, Vénus, le Soleil, Mars, Jupiter et Saturne. Le cercle symbolise la Lune; le triangle inversé, Mercure; le volcan, Saturne; le triangle à l'endroit, le Soleil; le carré, Mars; le seau, Vénus; et le rectangle, Jupiter. En fait, vous découvrirez peut-être que votre personnalité ressemble à l'un des sept types de base décrits ci-après.

LE VISAGE ROND

Cette forme de visage est appelée alternativement un visage d'eau ou un visage de Lune et appartient à des personnes de tempérament flegmatique. Si vous avez un visage rond, il se peut aussi que vous soyez gras et flasque, bien que l'embonpoint ne soit pas toujours lié à un visage rond. Par exemple, Giacomo Soranzo a écrit, au sujet de Marie Tudor: «Elle est courte, de teint rouge et blanc, et très mince; elle a de gros yeux blancs et des cheveux roux; son visage est rond et son nez, plutôt bas et large.» Et l'on disait de son père, Henri VIII, qu'il avait «un visage rond, si beau qu'il ferait une très belle femme, avec son cou long et épais».

Le teint des personnes à visage rond a tendance à être pâle, ce qui indique une mauvaise circulation et un coeur faible, et les yeux, les lèvres et les cheveux semblent souvent délavés. La peau est sensible au soleil et des bains de soleil imprudents provoquent une rougeur peu seyante. Les cheveux, fins et faibles, sont difficiles à coiffer. Le front est très bas, mais large et arrondi. Les yeux sont larmoyants, fixes et ronds. Le nez est court, souvent retroussé et plutôt plat. On peut voir, à l'illustration 10, un bon exemple de visage rond.

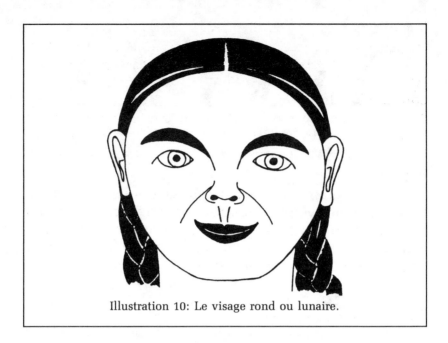
Illustration 10: Le visage rond ou lunaire.

Si vous avez un visage rond, vous manquez probablement d'énergie et êtes plutôt paresseux, préférant remettre à demain ce qui devrait être fait aujourd'hui. Toutefois, ces faux-fuyants sont souvent une ruse pour forcer les autres à faire ce que vous ne voulez pas faire, ce qui peut provoquer chez eux de la colère et de la rancoeur. En effet, vous aimez être servi et dorloté, car vous avez un tempérament dépendant et vous aimez bien les petits conforts de la vie. Comme vous trouvez difficile de prendre des décisions, vous êtes un suiveur plutôt qu'un chef. En fait, vous prenez toujours la voie la plus facile. Vous manquez de confiance en vous-même et c'est pourquoi vous aurez besoin de beaucoup d'appui et d'encouragement pour arriver à quoi que ce soit dans la vie. Vous aimez la campagne et voyager par bateau. Le travail dur vous fait peur et vous faites de votre mieux pour l'éviter.

Vous rêvez beaucoup et vous avez beaucoup d'imagination, de sorte que vous êtes toujours plein d'idées quant à ce que vous pourriez faire. Toutefois, votre évolution est entravée non seulement par votre paresse, mais aussi par votre nature changeante et par la rapidité avec laquelle vous perdez tout intérêt pour un projet. Vous êtes également victime de vos propres fantasmes, surtout en ce qui a trait à votre santé: n'importe quel malaise ou douleur, peu importe à quel point bénin, est vite interprété comme un symptôme de maladie sérieuse et incurable. Toutefois, malgré tous ces traits de caractère plutôt négatifs, vous êtes aussi d'humeur agréable, complaisant, délicat et amical et vous êtes toujours prêt à aider une personne dans le besoin.

Toutefois, si vous avez un visage rond mais aussi un long nez et des yeux puissants, comme ceux de Mayumi Hachiya (voir illustration 19), vous avez plutôt une personnalité dynamique. Votre cerveau est vif, vous avez beaucoup d'énergie et vous ressentez le besoin de faire votre marque dans le monde.

LE VISAGE CARRÉ

Cette forme de visage est appelée également visage de Terre ou visage de Mars et elle révèle un tempérament mélancolique. Elle se distingue par la symétrie de sa largeur et par le fait que sa largeur et sa longueur sont approximativement égales. Les personnes qui présentent ce type de visage ont habituellement un corps fort, musclé et de taille moyenne. Le teint est rosé, ce qui reflète la bonne santé et la vitalité de ce type, bien que la rougeur du blanc des yeux soit un de ses traits peu seyants. Les yeux sont grands, foncés et impérieux et les sourcils sont touffus. Le front, large, n'est pas très haut. Le nez est large, modérément long et présente une courbe convexe ou combative. La bouche est habituellement large, pourtant les lèvres et les dents sont petites. La mâchoire, carrée et forte, donne un air de pouvoir essuyer les coups. Les oreilles, petites, sont collées à la tête. On trouvera (illustration 11) un exemple d'un visage carré.

Si vous avez un visage carré, vous êtes vraisemblablement dur, déterminé et agressivement énergique; vous êtes impulsif et vous avez la tendance énervante de tirer d'abord et de poser des questions ensuite. Les gens qui

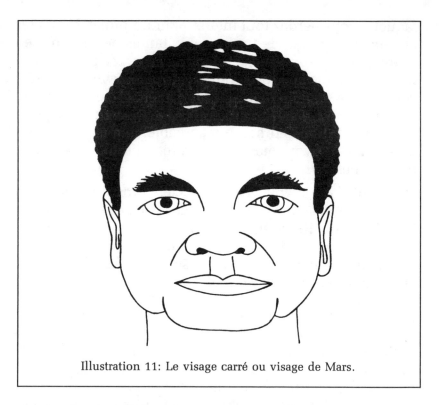

Illustration 11: Le visage carré ou visage de Mars.

vous entourent doivent se montrer prudents car vous vous vexez facilement, bien que vous ne soyez pas rancunier. Vous criez beaucoup et vous avez une voix forte. Vous avez une constitution robuste et une bonne santé, que vous fassiez du travail physique ou que vous vous adonniez aux sports de contact violents, comme le football, car vous êtes plus enclin à faire qu'à penser. Vous êtes impatient et impulsif, si bien que vous faites souvent des gestes stupides et vous vous attirez des ennuis. Vous aimez mener les choses à votre guise et vous n'avez pas peur de frapper du poing sur la table pour souligner votre point de vue. Vous ressemblez à la personne au visage rond quant à votre égocentrisme, bien que vous soyez plus direct et plus insistant à cet égard.

De nature sociable, vous appréciez la compagnie, surtout celle du sexe opposé. Pourtant, vos manières et vos goûts sont plutôt rustres. Toutefois, alors que vous êtes heureux, entouré de votre famille et de vos amis, vous flétrissez comme une plante assoiffée lorsque vous êtes seul. En fait, vous détestez être seul, car vous manquez de force intérieure, et la solitude peut facilement provoquer en vous la dépression — votre mélancolie — à laquelle vous êtes prédisposé. Sous cet aspect, vous êtes comme le «vieil ami» de Samuel Johnson, Sober, c'est-à-dire lui-même, qui «tremble à l'idée» d'être laissé à lui-même.

LE VISAGE EN TRIANGLE À L'ENDROIT

Cette forme de visage est aussi appelée visage de Feu ou visage de Soleil et elle est symbolique d'un tempérament colérique ou fâché. Elle se distingue par sa mâchoire large et par son front étroit, souvent pointu. Une personne présentant ce visage a un physique qui se rapproche de celui de la personne au visage carré, avec qui elle a de nombreuses caractéristiques communes. Les yeux de ce genre de visage sont habituellement larges, brillants et frappants; toutefois, leur couleur pâle et leur intensité de regard peuvent être déroutantes. De plus, il sont couronnés de sourcils bas. Les cheveux sont abondants et ondulés, typiquement blonds ou de couleur pâle. Il est inhabituel pour le mâle qui a ce genre de visage de devenir chauve. Sa barbe pousse également bien, son abondance accentuant la largeur de la mâchoire et donnant à son propriétaire une apparence de bandit. Les oreilles, grosses, sont décollées de la tête. Le nez est long et, quand il n'a pas été brisé au cours d'une bataille, il présente habituellement une courbe extérieure pugnace. L'illustration 12 est un bon exemple de ce genre de visage.

Si vous avez ce genre de visage, qui ressemble à l'esquisse d'une flamme, vous avez eu une enfance difficile, ce qui explique votre colère et votre désir de devenir «quelqu'un». Toutefois, même si vous avez le feu intérieur, vous manquez de patience pour atteindre ce que vous désirez par le travail honnête et vous serez donc peut-être tenté de recourir à des méthodes sournoises ou peut-être même illégales. Par contre, vous êtes chanceux et c'est cette chance, combinée à vos arguments persuasifs et à vos façons agressives, qui peut parfois vous mener loin. Toutefois, vous n'êtes pas très loyal et vous n'éprouvez aucune gêne à changer votre fusil d'épaule quand les choses se corsent.

Vous pouvez être charmant et plaisant quand vous le voulez, comme vous pouvez être méchant lorsque vous perdez la maîtrise de vous-même, ce qui vous arrive facilement quand vous êtes frustré ou qu'on vous désobéit. En fait, votre mauvais caractère et votre penchant pour la violence font de vous un danger pour vous-même et pour les autres. Vous êtes également très séducteur et vous risquez de devenir un coureur de jupons ou une «femme fatale» si votre apparence et les occasions vous le permettent, ou un violeur (si vous êtes un homme) et un agresseur si elles ne le vous permettent pas. Vous aimez vous vanter, vous dire merveilleux mais, malheureusement, vos talents sont rarement conformes à vos prétentions.

Illustration 12: Le visage en triangle à l'endroit ou visage de Soleil.

LE VISAGE EN TRIANGLE À L'ENDROIT TRONQUÉ

Cette forme de visage est une variation de celle que nous venons de décrire, bien qu'on la rencontre beaucoup plus souvent dans la vie quotidienne. Elle est aussi appelée le visage de Volcan ou visage de Saturne. Comme pour la forme précédente, la mâchoire est plus large que le front; toutefois, la différence entre la largeur de la mâchoire et celle du front n'est pas aussi prononcée et la naissance des cheveux, droite mais courte, ajoute un aspect pratique ou mélancolique à un tempérament principalement colérique. Les personnes qui présentent ce genre de visage sont souvent très grandes et minces; elles ont de longs os, des articulations et des genoux proéminents. Le visage même est osseux, angulaire; les pommettes sont saillantes; les joues, creuses; et les yeux, creux. L'absence de douceur du visage est mise en évidence par le teint blafard ou jaunâtre et par la présence de grains de beauté et d'autres imperfections. Le front est haut mais étroit et est habituellement très ridé. Les sourcils sont épais et touffus et pressent, comme un poids, sur des yeux foncés. Le nez est gros, souvent aquilin, et a des narines longues et rigides. La bouche est également large, les lèvres minces lui donnant une apparence dure, sans gaieté. La barbe, épaisse, empiète sur la bouche de façon peu attrayante, et accentue la largeur excessive de la mâchoire. La peau est froide au toucher. On peut voir (illustration 13) un exemple de ce genre de visage.

Si votre visage a cette forme, vous n'avez probablement pas eu une enfance très heureuse, ce qui explique, comme pour le type précédent, votre colère intérieure. Toutefois, vous avez une meilleure maîtrise de vous-même que la personne au visage en triangle non tronqué, et vous exprimez vos désaccords ou vos frustrations au moyen de critiques acerbes, plutôt qu'en criant et en lançant des objets. Vous n'avez pas beaucoup d'amour pour votre prochain et vous préférez vivre dans la solitude, perdu dans

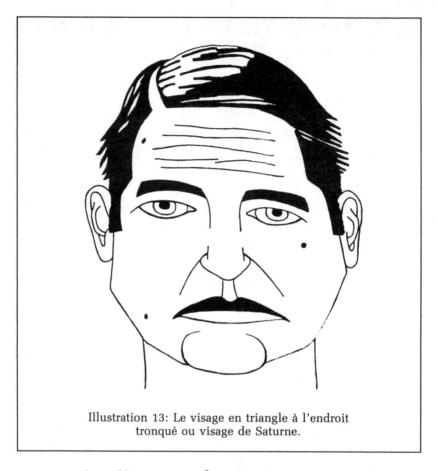

Illustration 13: Le visage en triangle à l'endroit
tronqué ou visage de Saturne.

vos pensées. Vous avez des opinions arrêtées et vous n'avez pas peur de dire ce que vous pensez.

Vos intérêts sont à la fois de nature solitaire et un peu inhabituels, comme la promenade en montagne ou l'ornithologie, des activités qui se pratiquent à l'extérieur. Vous aimez réfléchir au sens profond de la vie et vous avez souvent des idées intéressantes, voire originales. Toutefois, vous manquez de chaleur et de désir de partager, si bien que les autres ne profitent pas de votre sagesse. Vous êtes instinctivement prudent et conservateur, surtout lorsqu'il est question d'argent, si bien que vous serez probablement toujours à l'aise financièrement mais jamais riche. Bien que vous ayez des impulsions sexuelles très fortes, votre timidité et votre maladresse innées vous nuisent lorsque vous cherchez une compagne, de sorte que vous risquez que vos énergies réprimées vous poussent à quelque activité bizarre ou même perverse.

LE VISAGE EN TRIANGLE INVERSÉ _____

Cette forme de visage est large au niveau du front et étroite au niveau de la mâchoire. Il s'agit donc du contraire des deux types précédents. On l'appelle alternativement visage d'Air ou visage de Mercure et elle symbolise un tempérament brillant, enjoué ou sanguin. Bien que les personnes présentant ce visage ne soient habituellement pas très grandes, leur corps est svelte et bien proportionné. Les traits faciaux sont typiquement réguliers et équilibrés, sauf la bouche qui peut être trop petite ou trop grande. La peau est douce et lisse, le teint, olive. Les yeux sont grands, pâles ou foncés, parfois presque noirs. Le nez a une arête étroite, mais s'élargit souvent pour former de grosses narines. Les dents sont petites et bien formées. L'illustration 14 est un exemple de ce genre de visage.

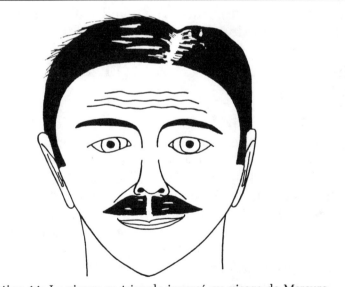

Illustration 14: Le visage en triangle inversé ou visage de Mercure.

Si vous avez ce type de visage plutôt rare, avec un front large et un menton pointu, vous êtes probablement une personne nerveuse, agitée et vous éprouvez beaucoup de difficulté à vous détendre et à rester calme. En fait, vous avez peut-être été un enfant hyperactif. Votre nervosité physique reflète celle de votre cerveau, qui pense, s'inquiète ou absorbe des informations sans relâche. Vous aimez apprendre, et plus vous glanez d'information, plus vous êtes heureux, car le savoir vous confère un statut et du pouvoir. Vous préférez travailler avec votre tête plutôt qu'avec vos mains, et vous avez du talent pour enseigner et pour diriger les autres. Vous aimez parler et discuter, et votre esprit vif et votre discours persuasif vous permettent non seulement d'influencer les autres de façon générale, mais ils se traduisent également en talent pour la vente de produits, la médiation, l'organisation de réunions et de tâches, la suggestion de solutions aux problèmes. Sous cet aspect, vous êtes né pour la politique. Vous êtes ambitieux, mais parce que vous pouvez vous montrer sournois et exploiteur, vous risquez de vous faire de puissants ennemis qui vous empêcheront d'atteindre vos objectifs. Et alors que vous aimez rencontrer des personnes que vous ne connaissez pas, vous avez peu d'amis intimes; en fait, l'intimité émotionnelle vous trouble.

LE VISAGE EN TRIANGLE INVERSÉ TRONQUÉ

Cette forme est très répandue. C'est celle qui se rapproche le plus du visage ovale cher à l'artiste. On l'appelle également le visage en Seau ou visage de Vénus. Typiquement, il est plutôt féminin d'apparence, avec ses lignes rondes et douces. Les yeux sont grands et munis de cils longs et d'une étincelle attrayante. Le nez droit a des narines qui s'élargissent et se contractent comme celles d'un cheval dans les moments excitants. Les lèvres, rouges et bien formées, délimitent une grande bouche et donnent à la femme un air voluptueux. La peau est douce, claire et radieuse et les joues sont rosées. Les cheveux sont épais,

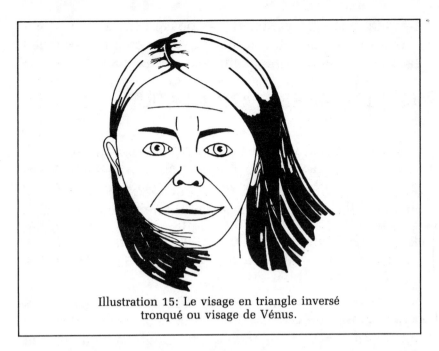

Illustration 15: Le visage en triangle inversé
tronqué ou visage de Vénus.

poussent rapidement et paraissent à leur mieux lorsqu'ils sont longs. La mâchoire, forte, est la partie du visage la plus masculine. On trouve un exemple de ce type de visage à l'illustration 15.

Si vous avez cette forme de visage, vous êtes chaleureux et affectueux et vous avez une personnalité extravertie, généralement enthousiaste. Vous aimez les autres personnes, vous appréciez leur compagnie et vous cherchez toujours à les voir sous un jour favorable. De telles attitudes vous valent bien des amis et une vie sociale active et variée. Vous êtes rarement déprimé et, lorsque cela vous arrive, votre cafard ne dure heureusement pas longtemps. Vous avez des intérêts variés, bien que vous soyez surtout porté vers les arts. Vous aimez particulièrement le chant, la danse et le théâtre. L'amour est important pour vous et vous vous marierez probablement jeune, car vous aimez l'idée d'avoir une maison, une épouse et des enfants. Vous avez l'esprit vif, mais délicat et bon. Toutefois, parce que vous accordez trop facilement votre confiance, on pourrait facilement profiter de vous. Si vous avez des traits faciaux peu attrayants, il est possible que vous soyez léthargique ou plutôt vulgaire; vous serez certainement fasciné par le côté peu reluisant de la vie.

LE VISAGE RECTANGULAIRE

Ce visage est caractérisé par sa longueur, plus grande que sa largeur, et par l'uniformité de son ampleur, en quoi elle ressemble au visage carré. On l'appelle également le visage en Tronc d'arbre ou visage de Jupiter. Typiquement, il appartient aux personnes qui naissent dans une classe à part ou qui accèdent à un échelon élevé dans la société. La reine Élizabeth I avait un visage «oblong, pâle et ridé» (tel qu'on l'a décrit alors qu'elle avait 65 ans); le philosophe Thomas Hobbes aussi.

C'est un visage essentiellement digne et agréable. Le front est haut et large, s'élevant bien au-dessus des sourcils arqués et gagnant encore davantage en hauteur, chez l'homme, à mesure que le front se dégarnit. On y remarque habituellement une ou plusieurs rides horizontales

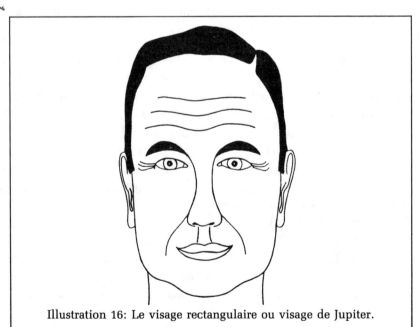

Illustration 16: Le visage rectangulaire ou visage de Jupiter.

profondes. Les yeux sont grands, clairs et brillants, et observent le monde avec intérêt. Des rides en parent les coins, conférant dignité et sagesse à l'expression. Le nez est de type romain ou de type grec, long, large et proéminent. Les oreilles sont grandes et collées à la tête. La bouche est de grosseur moyenne et les lèvres, distinctes sans être charnues, ne distraient pas de la fermeté du menton. La peau est douce et fine, et sa pâleur est illuminée par des touches de rouge sur les joues.

Vous êtes chanceux si vous avez ce genre de visage car il symbolise un caractère droit et honnête et un destin souvent remarquable. En fait, vous possédez toute la chaleur et tout l'optimisme du type précédent, sans avoir à déplorer les faiblesses qui l'accompagnent. Vous êtes doué d'une grande énergie, d'idéaux solides et d'une détermination inébranlable. Non seulement vous vous faites des amis facilement, mais vous gagnez rapidement leur amour et leur respect. Vous croyez aux échanges honnêtes, au gouvernement par la loi, et vous n'hésitez pas à défendre vos propres droits et ceux des autres. Vous avez l'étoffe d'un chef, non seulement parce que vous aspirez à ce rôle, mais parce que vous savez comment traiter vos subordonnés, que vous dirigez par l'exemple plutôt que par les ordres.

Vos convictions religieuses sont très profondes et, bien qu'elles aient normalement une influence positive sur votre vie, elles peuvent se déformer dans de mauvaises circonstances et vous pousser à croire que vous avez été choisi tout spécialement par Dieu. Un tel développement malheureux pourrait transformer votre gaieté en malice, votre confiance en arrogance et, pis encore, votre bienfaisance en tyrannie.

Chapitre 4
COMMENT DATER
LE VISAGE

Il y avait quelque chose dans sa physionomie qui a attiré l'attention de Harley; en fait, la physionomie était un point faible de Harley et qui avait fait l'objet de commentaires négatifs de la part de sa tante, à la campagne, qui avait l'habitude de lui dire que lorsqu'il aurait son âge et son expérience, il comprendrait que tout ce qui brille n'est pas or.

Tiré de *The Man of Feeling*, de Henry Mackenzie.

La forme de votre visage ne peut servir que de guide général quant à votre caractère et votre destin. Vos traits sont beaucoup plus révélateurs et peuvent, en fait, être utilisés pour prédire les événements importants de votre vie. Comment dater ces événements, c'est la question qui fait l'objet du présent chapitre. Je comprends que le lecteur puisse être sceptique à l'idée que des événements passés ou futurs puissent se lire sur le visage, mais je vous demande de me suivre et d'examiner objectivement les preuves que je vais présenter.

Nous devons aux Chinois le système de chronologie faciale présenté ici. Toutefois, j'ai apporté un petit changement à leur méthode. En Chine, on considère habituellement qu'un enfant est âgé d'un an à la naissance, alors que, en Occident, on établit l'âge de l'enfant à partir de la naissance. Par conséquent, j'ai changé d'un an les points d'âge familiers au physionomiste chinois, afin de les adapter à notre système chronologique.

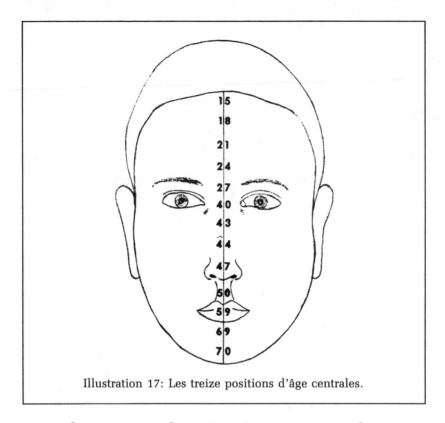

Illustration 17: Les treize positions d'âge centrales.

Si l'on trace une ligne imaginaire au centre du visage, la divisant en deux moitiés, on trouvera, le long de cette ligne, 13 positions d'âge importantes (illustration 17). Celles-ci, en fait, chevauchent la ligne et englobent une région de chair allant jusqu'à un pouce de largeur, de chaque côté de la ligne, selon la position. Chacune est évaluée selon sa couleur et son état et selon la forme et la qualité de la partie du visage qu'elle occupe. La peau sèche ou grasse, les points noirs et les points blancs, les grains de beauté et les imperfections imputables à des accidents ou à la maladie sont tous considérés comme des entorses à la signification de la position qu'ils occupent.

Quatre positions, représentant les âges de 15, 18, 21 et 24 ans, se trouvent sur le front. Une position, connue sous le nom de Yin T'ang ou «Siège du Phoque» et représentant l'âge de 27 ans, se trouve entre les sourcils. Quatre autres points, représentant les âges de 40, 43, 44 et 47 ans, se trouvent sur le nez. Une position, celle de 50 ans, est située sur le sillon naso-labial joignant le nez à la lèvre supérieure. Un point, représentant l'âge de 59 ans, correspond au centre des lèvres supérieure et inférieure et deux autres, représentant les âges de 69 et 70 ans, sont situés sur le menton.

À partir de ces données, on peut constater que le haut du front correspond aux plus jeunes de ces âges et que si l'on descend le long du visage, les positions inférieures représentent des âges de plus en plus avancés. Les oreilles, par ailleurs, symbolisent les âges les plus jeunes de la vie, de la naissance à 13 ans, et les autres positions d'âge sont représentées par les traits faciaux, les sourcils par exemple, qui traversent à angles droits la ligne perpendiculaire centrale.

L'interprétation de ces 13 positions primaires est compliquée quelque peu par le fait que certaines d'entre elles s'appliquent à l'un ou l'autre de vos parents, en plus de s'appliquer à vous-même. Et en ce qui vous concerne, elles indiquent toutes deux des aspects de votre caractère et présagent des événements de votre vie à l'âge signifié par les positions. En outre, elles peuvent, en changeant de couleur par exemple, avertir de problèmes à venir dans votre vie, sans égard pour l'âge que vous avez présentement. Il faut donc les évaluer avec prudence.

LA POSITION 15

Les Chinois l'appellent la position T'ien Chun; position la plus élevée de la ligne centrale et de sa partie supérieure, elle est habituellement établie par la naissance des cheveux. Elle symbolise habituellement votre père et votre relation avec lui. Idéalement, l'endroit devrait être légèrement arrondi et la peau lisse, sans imperfection et d'une couleur rose brillante. Si tel est le cas, cela suggère que votre père est chanceux sur les plans de la santé et de la carrière et que votre relation avec lui était et est bonne. Toutefois, si cette position présente des aspects négatifs,

Illustration 18: Robert Taylor.

si elle est fendue, par exemple, ou si la peau est d'une mauvaise qualité ou d'une mauvaise couleur, cela signifie que vous n'avez pas eu une enfance très heureuse par rapport à votre père et que lui-même n'a pas été très chanceux.

La naissance des cheveux descend parfois jusqu'à la position 15 pour former une pointe, comme on le voit dans l'illustration de la vedette de cinéma Robert Taylor (illustration 18). Si la naissance de vos cheveux présente une telle caractéristique, cela révèle que vous avez un tempérament et des talents artistiques. Cela indique également que votre père mourra avant votre mère. Lorsque cette position prend une couleur foncée, et surtout si cette couleur persiste, c'est un signe négatif, habituellement un signe de malchance.

LA POSITION 18

Cette région du front, qui porte le nom chinois de T'ien T'ing, symbolise les qualités dont vous avez hérité de votre mère, de même que le sort de votre mère elle-même. Si l'endroit est légèrement arrondi, sans imperfection et d'une couleur claire et brillante, il indique la chance sous tous les aspects. En fait, si cette position et la position 15 ont toutes deux ces caractéristiques, cela signifie que vos relations avec vos deux parents étaient et sont satisfaisantes, de même que les lignes directrices que vous avez reçues d'eux quant à la façon de conduire votre vie. Par contre, si les deux positions ne sont pas parfaites, si elles sont échancrées, par exemple, ou si le teint est mauvais, cela indique une relation désagréable entre vous et vos parents.

Si la position 18 a une coloration grise ou foncée, ou si elle est terne et manque de vie, c'est un signe de caractère négatif, suggérant que l'on ne vous croit pas, même lorsque vous dites la vérité. Sous cet aspect, vous êtes un peu comme le petit berger imprudent de la fable d'Ésope, qui a crié «au loup» à la blague et qui a découvert, à sa grande consternation, que personne ne lui prêtait attention quand les loups se sont montrés pour vrai, et qui a perdu tous ses moutons. Par conséquent, il serait sage que vous évitiez de raconter des mensonges, d'exagérer ou d'user de faux-fuyants, afin d'accroître la confiance des gens en vous. Ainsi, vous serez en mesure de limiter les torts qui pourraient vous être causés.

Lorsqu'il se produit n'importe quel changement de couleur dans cette position — et les couleurs bleutées, verdâtres et rouge jaunâtre sont les pires — cela indique une malchance imminente. Ne prenez donc pas de risques indus lorsqu'il se produit un tel changement de couleur!

LA POSITION 21

L'ancien nom chinois pour cette position est Ssu Kung, bien qu'elle soit aussi connue sous le nom de Kuan Lu Kung ou «Palais de la carrière», parce qu'elle est liée au succès professionnel. En fait, cette position, combinée à la position 18 au-dessus et à la position 24 en dessous, forme une région appelée le «Siège des honneurs». Un

«Siège des honneurs» chanceux se trouve toujours sur le front des personnes qui deviennent célèbres et qui sont honorées, alors qu'une telle région, lorsqu'elle est imparfaite, indique que son propriétaire n'aura pas autant de succès.

Idéalement, la position 21 devrait être légèrement arrondie, lisse et brillante et ne présenter aucune imperfection. Si tel est le cas, cela indique non seulement que votre vingt et unième année vous a été ou vous sera favorable, mais que vos perspectives d'avenir professionnelles sont généralement très bonnes. Ceux qui s'intéressent à votre sort vous aideront et vous aurez la chance d'avoir de bons amis attentionnés.

Si la couleur de cette position tourne au noir ou devient foncée ou terne, cela signifie que votre carrière est menacée et que vous devez vous attendre à de la malchance. Mais puisqu'un homme averti en vaut deux, vous pouvez utiliser un changement de couleur négatif pour vous préparer au pire et, peut-être, prendre des mesures visant à limiter les dégâts.

LA POSITION 24

Comme le montre l'illustration 17, cette position, appelée Chung Cheng par les Chinois, se trouve immédiatement au-dessus de l'espace entre les sourcils; elle forme le tiers basal du Siège des honneurs. Elle présage le succès tôt dans la vie et la chance en général, si elle est légèrement arrondie, sans grains de beauté ternes, ni marques ni autres imperfections et qu'elle a une couleur radieuse.

Si la position 24 est creuse ou échancrée ou de couleur foncée, c'est un signe d'intelligence médiocre, ce qui, en soi, nuit au succès dans la vie. Toutefois, si un tel signe négatif est accompagné d'autres traits faciaux indiquant une intelligence supérieure, cela signifie que, pour une raison ou pour une autre, le quotient intellectuel hérité n'est pas entièrement utilisé.

Lorsque cette position présente un ou plus d'un grain de beauté noir ou une cicatrice ou qu'il s'y trouve des

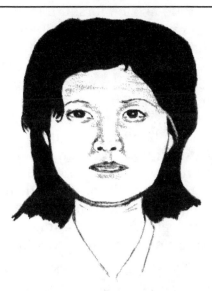

Illustration 19: La terroriste nord-coréenne Kim Hyon-hui, alias Mayumi Hachiya.

imperfections de la peau, cela est signe d'impatience et d'irritabilité et de friction avec les autres. Étant permanents, les grains de beauté révèlent des tendances innées pour ce genre de caractère; les cicatrices suggèrent une irritabilité acquise et les taches et autres marques trahissent une absence de maîtrise temporaire.

L'illustration 19 est un portrait de la terroriste nord-coréenne Kim Hyon-hui, mieux connue sous son pseudonyme japonais de Mayumi Hachiya. Le 12 novembre 1987, après un entraînement de huit ans organisé pour elle par Kim Jong-il, le fils du chef de la Corée du Nord, elle a placé, à sa requête, une bombe à bord du vol coréen 858, qui avait décollé de Bagdag à destination de Séoul. Kim et son partenaire, Kim Sung-il, sont descendus d'avion à Abudhabi. La bombe a explosé alors que l'avion volait au-dessus de la mer Andaman, à l'ouest de la Birmanie. Les 115 passagers et l'équipage ont perdu la vie.

Mayumi Hachiya est donc un boucher. Toutefois, elle n'est pas une criminelle-née comme Junzo Okudairo —

en fait, elle avait été actrice lorsqu'elle était enfant — et n'a été choisie pour devenir terroriste que parce que ses deux parents étaient des membres fiables du parti des travailleurs communistes coréens. C'est pourquoi son visage n'a pas la même asymétrie flagrante que celui d'Okudairo, ni même la plupart des traits associés au visage criminel par Lombroso. Bien sûr, elle a des cheveux noirs épais, mais cela n'est pas inhabituel chez les Orientaux. En fait, la seule indication évidente de sa criminalité inhérente est la grosseur de son visage: il fait une fois et demie l'épaisseur de son cou, alors que sa forme ronde ou en lune suggère, comme nous l'avons déjà souligné, une personnalité dépendante et malléable, qui peut être moulée en un engin de guerre par une personne mal intentionnée.

Toutefois, ce qu'il y a d'intéressant à son visage quant à la position 24, c'est l'excroissance osseuse proéminente qui traverse le bas de son front, du haut d'un sourcil à l'autre, traversant donc la position 24 et lui conférant une proéminence inhabituelle. Une telle élévation de la partie inférieure du Siège des honneurs révèle qu'elle atteindra, au milieu de la vingtaine, une grande notoriété, mais non la gloire ni la fortune. Et c'est ce qui est arrivé. Mayumi Hachiya avait 25 ans lorsqu'elle a mis la bombe fatale à bord de l'avion et elle doit faire face à l'emprisonnement à vie, de même qu'au risque d'être assassinée, dans une prison de la Corée du Sud.

LES RIDES DU FRONT

Les rides du front qui traversent obliquement l'une ou l'autre des positions déjà mentionnées ont une signification négative et affectent donc, dans une certaine mesure, les qualités ou les aspects de la vie que signifie la position.

Toutefois, les rides horizontales ou transversales ont habituellement une signification positive, à moins de se briser ou de s'effriter au niveau de la position qu'elles traversent. Dans ce cas, elles enlèvent à la position une bonne partie de la chance qu'elle symbolise. Les rides frontales horizontales sont interprétées plus à fond au chapitre 7.

Parfois, une ou plusieurs rides verticales s'élèvent du haut du nez ou de l'espace entre les sourcils. Il faut maintenant discuter de ces lignes importantes. Lorsqu'une seule ride s'élève de la position 24 ou 21, ou peut-être même plus haut (illustration 20), elle indique la concentration de l'esprit sur les buts professionnels et l'avancement personnel, et est donc la marque d'une personne égoïste, étroite d'esprit et ambitieuse.

Il n'est donc pas surprenant que ceux qui atteignent une position élevée dans la vie, par leurs propres efforts, aient souvent une seule ride frontale verticale. De telles personnes ont tendance à se faire des ennemis puissants et c'est la raison pour laquelle la ride unique est appelée l'«Aiguille suspendue» par les Chinois, qui voient en elle une espèce d'épée de Damoclès, représentant les dangers qui menacent ces personnes et qui risquent de leur jouer un mauvais tour au moment opportun. Et parce que les personnes qui ont une seule ride verticale au front sont égoïstes et égocentriques, la présence de celle-ci indique habituellement que leurs relations personnelles sont fausses et insatisfaisantes. Il faut toutefois garder à l'esprit qu'il peut y avoir d'autres traits du visage qui symbolisent des caractéristiques de nature à modifier l'intensité de celles qui sont indiquées par la ride verticale unique. Lorsque ces autres caractéristiques sont absentes, la personne concernée peut faire l'objet d'une mort prématurée et anormale, même d'une mort violente.

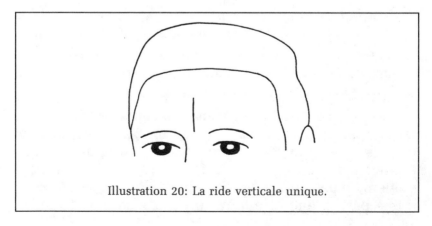

Illustration 20: La ride verticale unique.

Illustration 21: Brigitte Bardot .·

Il est beaucoup plus courant de trouver deux rides parallèles partant verticalement des extrémités intérieures des sourcils. Celles-ci indiquent un caractère plus équilibré, moins dogmatique et moins égoïste, ce qui signifie que l'individu est capable de voir les deux côtés de la médaille et donc de respecter le point de vue d'une autre personne. Ceux qui ont de telles rides, l'ex-actrice Brigitte Bardot par exemple (illustration 21), peuvent atteindre un statut élevé dans la vie, mais ils conserveront leurs amis et seront traités avec respect.

Toutefois, si les deux rides verticales obliquent l'une vers l'autre (illustration 22), comme si elles voulaient se joindre en une seule, cela indique des tendances égocentriques et créera des problèmes à la personne concernée, surtout en matière de relations personnelles.

Si les deux rides courbent l'une vers l'autre puis se replient sur elles-mêmes (illustration 23), elles révèlent une tendance égocentrique mais, en même temps, l'absence du courage nécessaire pour l'utiliser. Par conséquent, la personne n'est pas sûre d'elle-même, désirant, d'une part, prendre le taureau par les cornes et foncer,

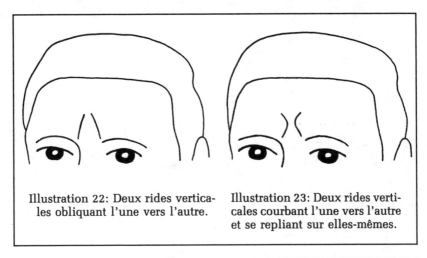

Illustration 22: Deux rides vertica- les obliquant l'une vers l'autre.

Illustration 23: Deux rides verti- cales courbant l'une vers l'autre et se repliant sur elles-mêmes.

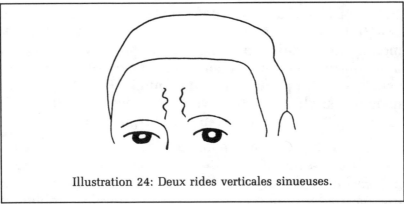

Illustration 24: Deux rides verticales sinueuses.

mais, d'autre part, se cramponnant à la peur de perdre le soutien des autres et d'être rejetée. Ce genre de personne est donc perdue dans un *no man's land* psychologique, ne plaisant à personne ni à elle-même. Il est donc diffi- cile pour de tels individus d'atteindre une position éle- vée ou d'accomplir quoi que ce soit dont ils puissent être fiers.

Lorsque les deux rides verticales serpentent comme des rivières (illustration 24), elles symbolisent une grande incertitude et une grande indécision intérieures. Leur pro- priétaire aura de la difficulté à établir sa carrière et il devra peut-être même affronter des dangers personnels plus tard dans la vie.

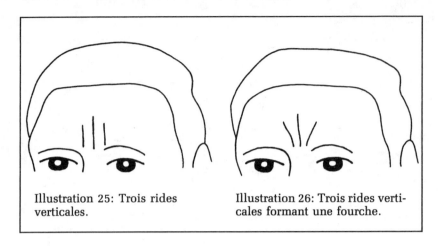

Illustration 25: Trois rides verticales.

Illustration 26: Trois rides verticales formant une fourche.

C'est signe de chance lorsque trois rides verticales s'élèvent jusqu'au Siège des honneurs (illustration 25). Une telle caractéristique signifie le succès et, parallèlement, une certaine célébrité tôt dans la vie. Cela est d'autant plus vrai si les deux rides extérieures courbent vers l'extérieur pour former une fourche (illustration 26), mais pas si elles courbent vers l'intérieur, ce qui représente l'égoïsme et une certaine prédisposition à l'anxiété.

Ce n'est pas favorable lorsque les rides verticales sont traversées de lignes diagonales ou obliques (illustration 27), surtout si ces lignes sont profondes car elles indiquent une nature tendue, irritable, occasionnant des problèmes à la personne dans ses relations avec autrui. Par conséquent, ceux qui possèdent cette caractéristique sont souvent malheureux et insatisfaits.

Lorsqu'une seule ride verticale est traversée par de telles lignes, elle forme une configuration très malchanceuse, car elle révèle une personne extrêmement égocentrique luttant contre des problèmes qu'elle s'est attirés elle-même et produisant un cocktail intérieur explosif fait de colère, de culpabilité et de frustration. Il faut traiter une telle personne avec prudence.

Les rides verticales consistent parfois en une série de lignes courtes qui leur donnent une apparence indistincte (illustration 28). Cette formation leur enlève leur pouvoir

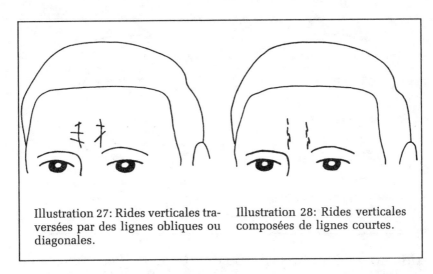

Illustration 27: Rides verticales tra-versées par des lignes obliques ou diagonales.

Illustration 28: Rides verticales composées de lignes courtes.

et leur force symboliques; par conséquent, les personnes qui ont de telles rides seront frustrées dans leurs efforts pour établir leur carrière et seront donc personnellement décevantes durant la vingtaine. Toutefois, si les autres traits faciaux sont positifs, elles pourront faire d'immenses progrès plus tard dans la vie.

Par contre, c'est un signe très négatif lorsque trois rides verticales sont brisées ou de forme incertaine (illustration 29), car elles symbolisent alors le déséquilibre mental et des tendances criminelles.

La présence de quatre rides verticales ou plus s'élevant au-dessus du nez est aussi une indication négative, peu importe si elles sont bien démarquées (illustration 30). Une telle caractéristique est la marque d'une personne nerveuse, instable, de l'indécis qui préfère une vie errante en marge de la société et qui manque de motivation et d'ambition. Une telle personne abuse souvent de l'alcool ou fait usage de drogue.

LA POSITION 27

Cette région est située entre les sourcils et est appelée par les Chinois Yin T'ang ou «Siège du Phoque». Elle est aussi appelée parfois la «Région de la vie». Combinée à la posi-

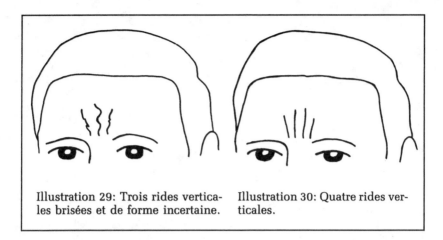

Illustration 29: Trois rides vertica- Illustration 30: Quatre rides ver-
les brisées et de forme incertaine.   ticales.

tion 40, elle forme la partie du visage la plus importante car elles reflètent toutes deux la carrière et la longévité.

Idéalement, la position 27 devrait être ferme, légèrement arrondie, large et dénuée d'imperfection. Dans ce cas, elle symbolise le succès professionnel, à partir de l'âge de 27 ans, et une certaine célébrité. Et si les traits faciaux inférieurs abondent dans le même sens, le succès professionnel s'étendra sur plusieurs années.

Toutefois, si la position a une forme négative, si elle est creusée, par exemple, ou si elle porte un ou plusieurs grains de beauté ternes ou foncés, on ne peut prévoir de succès au début de la carrière. En fait, la personne risque même d'être malheureuse et en mauvaise santé.

Lorsque la position 27 est modérément proéminente, elle indique un esprit intelligent et perçant, de même qu'une grande énergie et beaucoup de détermination. Ce sont là les qualités d'un chef-né et c'est pourquoi on les retrouve dans l'élargissement des positions 24 et 27 sur le visage d'Alexandre le Grand (illustration 31). On peut être raisonnablement certain qu'il s'agit d'un profil fiable du conquérant macédonien, car la pièce de monnaie où on le trouve a été frappée par son général, Lysimachus.

Une position 27 large, produite par un vaste espace entre les sourcils, est habituellement une indication positive, surtout pour les femmes, car elle présage la fortune

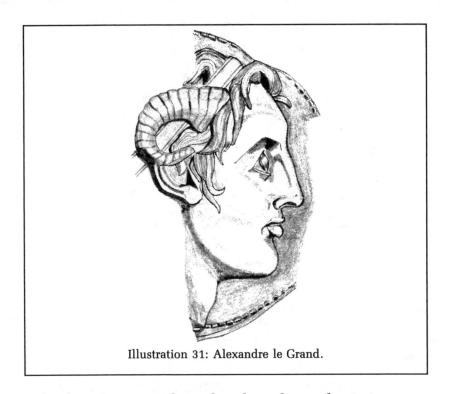

Illustration 31: Alexandre le Grand.

et la gloire. Un grand nombre de vedettes de cinéma, par exemple, avaient ou ont un espace large entre les sourcils. Toutefois, lorsque la position 27 est large et est accompagnée de sourcils minces, sa signification est moins positive, car elle présage aussi une mort prématurée. On trouve cette combinaison sur le visage de Jean Harlow (illustration 32), morte d'empoisonnement urémique à l'âge de 26 ans.

En outre, indépendamment du fait que sa tête soit quelque peu inclinée, les iris de Harlow sont trop hauts, si bien qu'on voit le blanc des yeux en dessous. Comme je l'ai déjà mentionné, cette caractéristique est connue sous le nom de sanpaku et symbolise un état intérieur trouble. C'est aussi le signe d'une mort prématurée. Son front n'a pas de rides horizontales, ce qui indique un esprit plutôt vide, et la naissance de ses cheveux est inégale, caractéristique d'une enfance troublée et donc d'un adulte déséquilibré, analyse qui est conforme aux iris flottants.

Illustration 32: Jean Harlow est morte tragiquement, à un jeune âge.

Illustration 33: L'écrivain Roald Dahl.

La position 27 est occasionnellement traversée par une ou plusieurs rides obliques. On peut voir une telle ride sur le visage de l'écrivain Roald Dahl (illustration 33); une seconde ride traverse la portion supérieure de la position 40. Ce sont là des marques d'une personne autoritaire, qui aime faire à sa guise et qui attend des autres qu'ils se conforment à ses désirs.

Les changements de couleur affectant la position 27 doivent toujours être pris sérieusement car ils sont symptomatiques du développement d'une maladie. Par exemple, une coloration bleutée est signe de troubles des reins, alors qu'une coloration rougeâtre est liée à des problèmes cardiaques. Dans la même veine, si la couleur de cette région fonce, c'est le signe de troubles de l'estomac, tels que des ulcères peptiques. Lorsque la position porte un grain de beauté terne et foncé, c'est le présage du développement d'une maladie chronique, comme le diabète, à l'âge de 27 ans ou un peu plus tard dans la vie.

S'il y a des poils sur la position 27, ce n'est pas un signe positif, surtout si les sourcils la traversent pour former une ligne continue. Les sourcils symbolisent le type émotionnel de la personne et ses relations avec les autres; par conséquent, des sourcils aussi unis trahissent des émotions refoulées, une absence de sympathie et la capacité d'être indifférent aux sentiments des autres.

LA POSITION 40

Cette position couvre l'arête du nez située entre les yeux. Son nom chinois est Shan Ken ou «Racines de la montagne», la montagne en question étant présumément le nez lui-même. Elle rivalise d'importance avec la position 27 située au-dessus, notamment parce qu'elle peut présager une mort prématurée.

L'élévation et la largeur de la position 40 peuvent varier énormément d'une personne à une autre. Lorsque l'arête du nez forme une ligne continue avec le front, créant le nez grec classique, comme celui d'Alexandre le Grand (illustration 31), la position 40 est élevée — en fait, elle dépasse rarement une telle élévation — alors que, en revanche, elle peut être tellement renfoncée que l'arête du nez disparaît presque complètement entre les yeux. Ou bien, elle peut être très étroite à une extrémité et avoir, à l'autre extrémité, une ampleur ressemblant au côté plat d'une planche.

Les lecteurs à visage occidental considèrent habituellement une position 40 élevée comme une caractéristique négative, symbolisant une nature de dandy et donc un fervent de luxe, un dilettante artistique. C'est faux. La personne qui a une position 40 élevée, pour autant que le nez ne soit pas trop étroit à ce point, est beaucoup plus déterminée car elle possède une très grande énergie qu'elle peut utiliser à des fins constructives ou destructives: comment Alexandre le Grand aurait-il pu conquérir la moitié du monde s'il en avait été autrement? En fait, on trouve typiquement une position 40 élevée sur les visages des personnes qui atteignent un certain statut dans le monde vers l'âge de 40 ans. Mais parce qu'on ne peut pas prédire la gloire à partir d'un seul trait facial, une position 40 élevée ne peut être considérée que comme un indice de réalisation spéciale.

Plus l'élévation de la position 40 diminue, plus le niveau d'énergie de la personne ou sa capacité d'utiliser cette énergie dans des buts précis diminue aussi. Parce que la hauteur de cette région est créée par l'os sous-jacent, contrairement à la partie inférieure du nez qui est composée en grande partie de cartilage, et parce que l'os est un tissu représentant la force et la détermination, une diminution de la matière osseuse révèle une diminution de ces qualités. Cela explique pourquoi les personnes qui ont une position 40 très basse ou plate, une caractéristique nasale que l'on retrouve d'ailleurs chez les gorilles et les singes, ont rarement, sinon jamais, beaucoup de succès dans la vie. Et parce que l'énergie corporelle produit ultimement la résistance à la maladie, une position 40 basse signifie un état de santé plus faible, ce qui, en soi, peut résulter en une vie plus courte.

Une position 40 élevée est le propre de personnes qui ont souvent des difficultés dans leurs relations intimes, à cause de leurs manières autocratiques et dominatrices. Ces personnes ont tendance à avoir un mariage malheureux et à se disputer avec les autres membres de la famille. Une position 40 plus basse suggère une nature plus conciliante et moins égocentrique, indice de relations plus heureuses, bien que, si cette région est trop basse, au point d'être presque plate, la personne concernée a alors tendance à se laisser dominer par sa famille et ses amis. Lorsque la base de la position 27 surplombe cette région (illustration 34), elle arrête, comme une barrière, le flot de l'énergie entre les deux régions, ce qui, à son tour, symbolise la fatigue, le manque de détermination et une santé médiocre.

La largeur de la position 40 est également importante. Une certaine ampleur est un signe positif car elle symbolise la constance et la ténacité ou la persévérance. Toute-

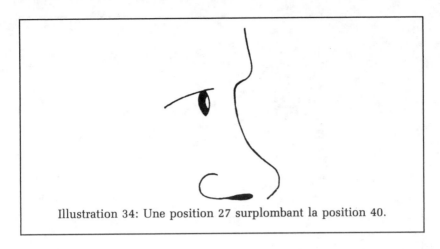

Illustration 34: Une position 27 surplombant la position 40.

fois, lorsque la position est large mais peu élevée, la persévérance se transforme en entêtement, ce qui nuit souvent au succès. Par contre, une position 40 étroite indique un manque de concentration et d'endurance, ce qui peut nuire au succès, et même l'empêcher.

Toutefois, lorsque la position 40 est si large qu'elle semble remplir, ou presque, l'espace entre les yeux, elle acquiert une signification négative car elle présage une mort prématurée, vers l'âge de 42 ans, par suite d'un accident, d'un suicide ou d'un crime. On trouve une telle largeur négative à la position 40 du visage d'Elvis Presley, mort à 42 ans d'une crise cardiaque provoquée par la consommation de drogues (illustration 35). En fait, si l'on jette un coup d'oeil, dans les journaux, sur n'importe quelle photographie de personnes décédées prématurément dans des circonstances étranges, on remarquera cette caractéristique.

Un grain de beauté sur la position 40 représente un long séjour loin de sa terre natale et peut donc présager l'émigration. La couleur et la forme du grain (ou des grains) de beauté révèlent la mesure de succès de ce déménagement. Les grains de beauté les plus chanceux sont rouges ou noirs, brillants et ronds. Les grains de beauté gris ou foncés, surtout s'ils sont ternes, mal formés ou gros, sont malchanceux et de mauvais augure quant à une telle

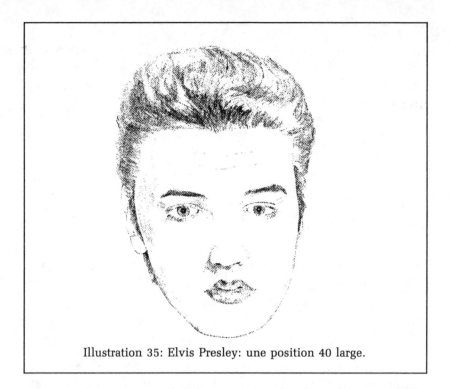
Illustration 35: Elvis Presley: une position 40 large.

aventure, qui restera donc une étape malheureuse et régressive. Toutefois, il ne faut pas faire de prédiction à partir du grain de beauté à lui seul; il doit être jugé en combinaison avec les autres caractéristiques faciales qui peuvent, par exemple, changer la signification d'un grain de beauté chanceux ou renforcer celle d'un grain de beauté malchanceux.

Une position 40 teintée de gris ou foncée est signe d'une vitalité médiocre et d'un début de troubles stomacaux ou digestifs. Une coloration bleue ou rouge dans cette région a la même signification que celle qui a été décrite pour la position 27. Une ou plusieurs rides traversant la position 40 indiquent une opération chirurgicale à l'âge moyen.

LES POSITIONS 43, 44 ET 47 _____

Ces positions se trouvent toutes le long de l'arête du nez et parce qu'elles contribuent à la forme générale du nez, elles seront étudiées en détail au chapitre 10. Toutefois, chacune est supportée par un tissu différent. La position 43, appelée Nien Shang par les Chinois, a une base osseuse; la position 44, dont le nom oriental est Shou Shang, est faite de cartilage; et la position 47, appelée Chun T'ou, forme le bout du nez et est construite de muscle et de graisse. Les années qu'elles représentent font partie du début de l'âge moyen. Ainsi, si toutes ces positions sont fermes, lisses, sans imperfection et de bonne couleur, elles présagent que vous serez heureux et en santé à l'âge moyen, comme le seront votre conjoint(e) et votre famille à cette période de votre vie.

Un mauvais teint, c'est-à-dire une peau sèche, grasse, des taches, des points noirs, etc., des imperfections telles des rides prononcées, des grains de beauté ternes, des verrues ou toute décoloration de la peau affectant ces positions suggèrent une vitalité diminuée et une mauvaise santé à l'âge moyen, des problèmes avec votre conjoint(e) et de la maladie dans la famille. Des problèmes sexuels sont également possibles à cet âge si la qualité de la peau est mauvaise. L'arête du nez ne devrait être ni trop étroite, car elle indiquerait l'étroitesse d'esprit, une prudence excessive et l'avarice, ni trop large, car elle indiquerait un manque de direction, des échecs financiers et un mode de vie désordonné.

LA POSITION 50

Les Chinois appellent cette position Jen Chung ou «Homme du milieu» et elle constitue le sillon naso-labial ou le creux qui lie le nez au centre de la lèvre supérieure. C'est une partie du visage très importante, non seulement parce qu'elle révèle votre capacité d'avoir des enfants, mais aussi parce qu'elle aide à déterminer pendant combien de temps vous allez vivre.

Le meilleur sillon est long, droit, large et profond, et ses côtés sont distincts, créant un canal par lequel les énergies vitales peuvent couler symboliquement du nez aux lèvres. Un tel conduit est représentatif de la fertilité, d'une

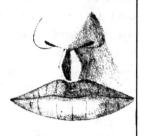

Illustration 36: Sillon naso-labial plus large à la base.

Illustration 37: Sillon naso-labial plus large à la partie supérieure.

Illustration 38: Sillon plus large au milieu.

longue vie et de la chance, en plus de révéler que la cinquantaine commencera bien.

Toutefois, il est rare qu'on rencontre un sillon nasolabial si bien formé, pour la simple raison que peu de gens sont aussi chanceux. En fait, le sillon est habituellement moins profond, ce qui permet aux énergies vitales de se dissiper en débordant des rives. Le peu de profondeur représente donc une modération des aspects heureux décrits ci-dessus, qui seront, en effet, plutôt minces si le sillon est vraiment peu profond, ou complètement absents s'il est plat.

Lorsque le sillon a l'apparence d'un delta de rivière, c'est-à-dire lorsqu'il est plus large à la partie inférieure qu'à la partie supérieure (illustration 36), il indique que vous êtes fertile et que vous aurez probablement plusieurs enfants, si vous le désirez.

Toutefois, dans le cas contraire, lorsque le sillon est plus large à la partie supérieure qu'à la partie inférieure, réduisant le flot de l'énergie, vous n'êtes pas très fertile et vous n'aurez vraisemblablement pas beaucoup d'enfants, peut-être même pas du tout (illustration 37). Un sillon peu profond aggravera évidemment la situation. Une telle forme est aussi néfaste quant à la chance et elle signifie des frustrations et des difficultés dans votre carrière et votre vie personnelle, surtout à partir de 50 ans. Par conséquent, à moins que le bas de votre visage n'ait des carac-

Illustration 39: Sillon court.

Illustration 40: Sillon qui disparaît avant de rejoindre la lèvre supérieure.

Illustration 41: Sillon courbé d'un côté.

téristiques modératrices, indiquant une meilleure chance, vous devez vous attendre que votre vie devienne de plus en plus problématique à mesure que vous vieillirez.

Le sillon est parfois plus large au milieu, ce qui lui donne davantage l'apparence d'un lac que d'un canal, où l'énergie est stagnante plutôt que de couler (illustration 38). Cela laisse présager que votre chance stagnera quand vous aurez atteint l'âge moyen, peut-être à cause de la maladie, d'une dépression ou des événements qui jouent tout à coup contre vous. Ce type de sillon est également indicateur de problèmes de santé pour vos enfants.

Si votre sillon naso-labial s'estompe et disparaît avant de rejoindre la lèvre supérieure, ou s'il est très court parce que votre lèvre supérieure est très proche de votre nez (illustration 39), vous ne vivrez pas plus de 50 ans. On peut voir un sillon court du second type sur la pièce de monnaie frappée du profil d'Alexandre le Grand (illustration 31), mort à l'âge de 32 ans.

Toutefois, si votre sillon est long mais s'estompe et disparaît juste avant de rejoindre votre lèvre supérieure (illustration 40), alors vous mourrez plus tard, mais vos dernières années seront troublées par des inquiétudes financières et par des désaccords avec vos enfants, qui vous abandonneront peut-être.

Un sillon qui courbe vers la droite ou vers la gauche déséquilibre le visage. C'est donc un signe négatif (illustration 41). Il présage la stérilité et aussi une perte de direc-

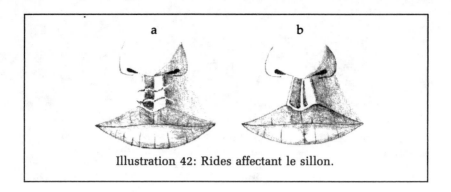

Illustration 42: Rides affectant le sillon.

tion à l'âge moyen. Si un sillon courbé fait partie d'une asymétrie générale de la partie inférieure de votre visage, les deux aspects combinés indiquent que vos dernières années seront troublées par la maladie, les inquiétudes personnelles et des difficultés financières.

Il est néfaste d'avoir un sillon traversé par une ou plusieurs rides (illustration 42a), ce qui indique non seulement la possibilité de la stérilité, mais aussi que des problèmes extérieurs affecteront votre vie à l'âge moyen. Par ailleurs, lorsqu'une seule ligne courbe descend au centre du sillon, cela indique qu'un ou des enfants seront conçus plus tard dans la vie, vers l'âge de 40 ans si vous êtes une femme, ou plus tard si vous êtes un homme (illustration 42b).

En ce qui a trait aux hommes, c'est signe de chance si des poils de moustache poussent dans le sillon, à la condition, bien sûr, que les autres caractéristiques de la moustache et de la barbe soient bonnes, car cela indique de bonnes relations amicales avec ses semblables et le peu, sinon l'absence, d'ennemis. Toutefois, si le sillon est dénué de poils, de sorte que la moustache ait l'air d'être séparée dans le milieu, même lorsqu'on la laisse pousser, cela signifie qu'on troublera les autres d'une certaine façon et que, par conséquent, on se fera des ennemis. L'individu en souffrira donc quelque peu quand il sera d'âge avancé.

LA POSITION 59

Du point de vue théorique, cette position occupe le centre des lèvres, mais on peut considérer qu'elle inclut l'ensemble des lèvres. Par conséquent, nous l'examinerons en détail au chapitre 11, qui est consacré à la bouche et aux lèvres. Les Chinois appellent la position 59 Shui Hsing, et ils la considèrent comme la partie du visage potentiellement la plus belle. En général, des lèvres minces, sèches et pâles symbolisent la cruauté, la rancoeur et un manque de passion, alors que des lèvres plus rondes, humides et plus rouges révèlent une disposition plus chaleureuse et plus aimante et, par conséquent, une vie plus heureuse.

LA POSITION 69

Cette position, appelée Ch'en Chiang par les Chinois, occupe la moitié supérieure du menton, sous les lèvres. Lorsque la mâchoire est forte, cette position est verticale ou presque; toutefois, lorsque le menton est plus faible, elle courbe vers l'intérieur et plus la courbe est prononcée, plus grande est la faiblesse physique qui lui est associée. Toutefois, alors que cette position se rapporte à votre 69e année, elle est également liée aux liquides et aux dangers qu'ils peuvent présenter tout au long de votre vie. Par exemple, si elle se teinte d'une couleur foncée et terne, vous ne devriez pas nager ni voyager par bateau, car votre vie serait en danger. De la même façon, si cette région se colore d'une teinte rouge terne, elle vous avertit que vous risquez de boire un breuvage dangereux si vous n'êtes pas prudent, ou que vous souffrez peut-être de troubles d'estomac, ou même que vous risquez d'être victime d'une attaque violente. De tels changements de couleur ont évidemment une plus grande signification si vous avez 69 ans, car ils présagent une mort imminente.

La barbe d'un homme devrait pousser sur la position 69. Si c'est le cas, il est en grande partie protégé contre les risques de noyade ou d'empoisonnement, bien qu'il faille évaluer les autres traits de son visage avant de porter un jugement définitif. L'absence de poils à cet endroit est un signe négatif car il présage des dangers presque constants du côté des liquides, y compris ceux qu'on boit pour se rafraîchir.

LA POSITION 70

C'est la position la plus basse des 13 positions du milieu du visage et elle est connue sous le nom chinois de Ti Ko. Idéalement, la région devrait être forte, et le menton, arrondi. Si c'est le cas, c'est la marque d'une vieillesse heureuse et épanouie. Toutefois, la position 70 ne peut pas être interprétée aussi positivement chez l'homme s'il est incapable d'y faire pousser de la barbe. Par conséquent, une position 70 glabre ou peu barbue présage une vieillesse troublée et malheureuse, même si la position est bien formée.

Un menton pointu n'est jamais une caractéristique favorable. Cela indique que la personne doit lutter contre l'adversité, mais aussi qu'elle aura des problèmes financiers et sera sans amis durant la vieillesse. Un menton pointu qui courbe d'un côté appartient à une personne qui n'oublie jamais un tort causé et qui se venge toujours, peu importe combien de temps elle doit attendre. Une telle personne est infidèle et méchante; c'est pourquoi elle sera malheureuse, surtout lorsqu'elle sera âgée.

Les anciens devins disaient que lorsque la position 70 développe une coloration rouge brillante cela signifie qu'il se produira un événement heureux ou qu'on aura un coup de chance. Toutefois, lorsque le rouge est terne, il indique que le feu présente un danger.

La ligne médiane sur laquelle se trouvent ces 13 positions devrait idéalement être droite et parfaitement verticale. Dans ce cas, les positions sont à leur mieux et, si elles sont bien formées et de bonne coloration, les qualités de caractère et les événements de la vie associés à ces positions trouveront leur expression la plus positive. En

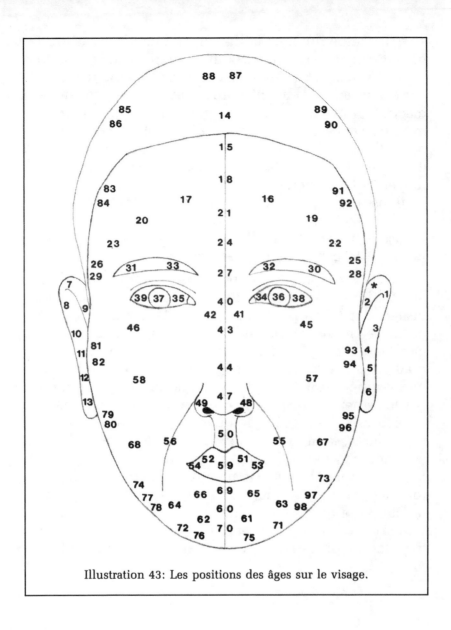

Illustration 43: Les positions des âges sur le visage.

fait, une ligne médiane droite réduit l'intensité des caractéristiques négatives et des événements de la vie suggérés par des positions mal formées et de mauvaise couleur, ou qui portent des grains de beauté ou d'autres imperfections négatives.

De même, lorsque la ligne médiane n'est pas droite, ni verticale, elle réduit les bonnes qualités que présentent les positions aux points de vue forme, couleur et éclat. Par exemple, on rencontre très souvent des gens dont la mâchoire inférieure ne s'aligne pas parfaitement à la mâchoire supérieure, de sorte qu'elle est tordue d'un côté ou de l'autre. Cela fait courber la ligne médiane et affecte donc négativement les positions en rapport avec l'âge moyen et l'âge avancé, alors que la personne sera moins heureuse et moins en santé qu'elle le voudrait. Si une telle courbe affecte des positions qui sont elles-mêmes défectueuses d'une façon ou d'une autre, alors on peut prédire le pire à la personne concernée.

L'illustration 43 montre les 13 positions centrales et les relations des autres âges avec les différentes parties du visage. Ainsi, on peut voir que les 13 premières années de la vie sont liées aux oreilles, les six premières à l'oreille gauche et les sept suivantes à l'oreille droite. Les années d'adolescence qui restent sont associées au milieu et à la partie supérieure du front. La vingtaine est aussi indiquée par le milieu du front et par les tempes; la trentaine, par les sourcils et les yeux; la quarantaine, par le nez et les pommettes; la cinquantaine, par le sillon naso-labial, la bouche, les rides des joues et les joues; la soixantaine et la soixante-dizaine, par le menton et le dessous du menton; la quatre-vingtaine, par le côté droit du visage et de la tête; et la quatre-vingt-dizaine, par le côté gauche du visage et de la tête. Nous parlerons de toutes ces positions dans les chapitres consacrés aux parties individuelles du visage.

Chapitre 5
LES PARTIES ET LES PROPORTIONS DU VISAGE

En passant, nous allons exprimer l'opinion que la Nature n'écrit jamais mal. Son écriture, telle qu'elle peut être lue sur la physionomie humaine, est invariablement lisible, lorsqu'on a appris l'art de la lire.

Tiré de *Household Words.*

Vu de face, le visage peut être divisé en trois parties ou zones, chacune se rapportant à différentes facettes de notre caractère et, ainsi que nous l'avons déjà souligné, à certaines années de notre vie. Les trois zones sont indiquées à l'illustration 44.

La zone la plus élevée ou zone supérieure est formée par le front et s'étend de la naissance des cheveux jusqu'aux sourcils. Les Chinois l'appellent la région céleste. La zone du milieu, ou région humaine, comprenant les yeux, le nez et les joues, s'étend à partir des sourcils jusqu'au bas du nez; alors que la zone inférieure, ou région terrestre, qui inclut la bouche et le menton, couvre la portion du visage en dessous du nez.

La zone supérieure représente notre capacité intellectuelle; la zone moyenne, notre adaptabilité; et la zone inférieure, notre énergie inhérente. Ces trois principales qualités de caractère, intelligence, adaptabilité et énergie,

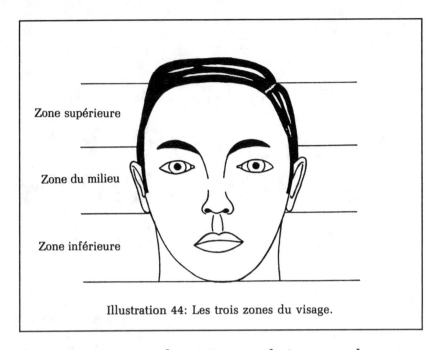

Zone supérieure

Zone du milieu

Zone inférieure

Illustration 44: Les trois zones du visage.

déterminent en grande partie nos relations avec les autres et avec le monde et donc, la mesure du succès que nous avons dans la vie. L'habileté de s'adapter, par laquelle nous exprimons notre intelligence et notre énergie, est peut-être la plus importante des trois, bien que, si on manque d'intelligence, on risque de se fixer des buts trop peu ambitieux et que, sans énergie suffisante, on risque de démissionner trop vite et donc d'échouer.

Idéalement, par conséquent, nous avons besoin d'une mesure approximativement égale de ces trois qualités et, lorsque cet équilibre existe, il est révélé dans le visage par le développement égal de ces trois zones et par la droiture de la ligne médiane. Toutefois, on ne trouve un équilibre parfait que sur les visages de personnes vraiment exceptionnelles et vous ne devriez pas être trop déçu si le vôtre est moins que parfait.

Les trois zones sont de la même hauteur et ont à peu près la même largeur dans le cas du visage idéal. En pratique, toutefois, il est plus courant de trouver une égalité de hauteur qu'une égalité de largeur, parce que l'ampleur

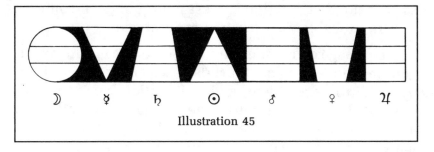

Illustration 45

des zones est déterminée par la forme du visage et n'est constante que chez ceux qui ont un visage carré ou rectangulaire. L'illustration 45 montre de quelle façon les largeurs des zones sont affectées par la forme du visage.

En général, la zone huit symbolise l'intensité des qualités liées à cette zone, alors que son ampleur sert à mesurer la persévérance, la détermination et l'ouverture d'esprit qui lui sont associées. Par exemple, un front haut indique des intérêts variés et des idées plus larges, les deux suggérant naturellement un esprit plus riche et plus sage. En revanche, un front court représente un intellect déficient et des procédés mentaux plus lents, alors qu'un front étroit révèle des intérêts limités et une compréhension réduite qui, s'ils sont combinés, résultent souvent en intolérance et en fanatisme.

Dans le cas du visage triangulaire ou visage de Soleil, il y a un déséquilibre évident entre la largeur de la zone supérieure et de la zone inférieure, la première étant étroite et la seconde, large, ce qui indique une étroitesse d'esprit et une intelligence limitée, combinées à la nervosité et à une énergie persistante. Il y a un déséquilibre similaire dans le cas du visage en triangle inversé ou visage de Mercure, bien que les aspects soient inversés. Dans ce cas, on a affaire à un esprit large et ouvert, associé à une persistance et une détermination limitées et c'est pourquoi les personnes qui ont un tel visage ont tendance à être écervelées, à s'ennuyer facilement et à être irresponsables. Et bien qu'il y ait une inégalité de capacité mentale et d'énergie dans le visage rond ou lunaire, ce qui est à l'avantage de la personne, ni l'un ni l'autre trait ne peuvent appuyer sa capacité d'adaptation et c'est pourquoi la personne se sentira probablement frustrée et insatisfaite.

Le visage carré ou martial présente une égalité de largeur (et souvent de hauteur) dans ses zones, ce qui indique l'équilibre intérieur et aide à expliquer pourquoi les personnes qui ont un tel visage arrivent habituellement à réaliser ce qu'elles veulent. Toutefois, les zones du visage martial sont un peu courtes, indiquant un manque d'éclat et d'enthousiasme. C'est pourquoi les personnes qui ont un visage martial ont tendance à être lentes, impassibles et conservatrices, ayant des personnalités qui ressemblent à celle du dieu Mars de l'ancien mythe, un dieu agriculteur vénéré par les paysans romains. Ce n'est que plus tard que Mars est devenu le dieu de la guerre et qu'on lui a donc attribué une nature agressive et virile.

Le visage en triangle à l'endroit tronqué, ou visage saturnien, de même que le visage en triangle inversé tronqué, ou visage de Vénus, présentent tous deux un meilleur équilibre que les deux formes auxquels ils ressemblent respectivement, le visage solaire et le visage mercurien. Le visage saturnien a une zone supérieure plus large et son propriétaire a donc un esprit plus large que celui qui a un visage solaire, alors que le visage de Vénus a une zone inférieure plus large, indiquant une plus grande concentration que celle qui est propre au visage mercurien. Par conséquent, il n'est pas étonnant de trouver que les deux types de personnes sont plus susceptibles de réaliser leurs ambitions et de s'épanouir que le sont leurs cousins faciaux plus restreints.

Le visage rectangulaire, ou visage de Jupiter, présente la même égalité d'ampleur que le visage de Mars, mais il est toutefois plus haut. Lorsque les zones sont à la fois hautes et larges, elles symbolisent le développement de l'intellect, l'adaptabilité et l'énergie dans leur pleine capacité. Cela explique que les personnes qui atteignent des échelons de pouvoir et d'influence élevés ont tendance à avoir des visages de Jupiter.

Bien que les zones aient tendance à être plus égales en hauteur qu'en largeur, elles varient souvent à cet égard. Des différences dans la hauteur des zones reflètent des déséquilibres intérieurs, car l'activité ou la rapidité accrue du trait de caractère signifié par la zone haute ne s'accorde pas avec celles des zones courtes. Par exemple, une personne qui a un visage de Mars carré peut avoir un front haut; toutefois, sa hauteur diminue celle des deux autres zones, de sorte que, bien qu'elle soit probablement très intelligente, elle est en fait désavantagée par la timidité ou par un manque d'enthousiasme (révélé par la zone inférieure déficiente) et par son incapacité de surmonter les obstacles et les difficultés qu'elle risque de rencontrer (selon ce que révèle une zone du milieu courte). Une telle personne aura donc de la difficulté à être heureuse ou à obtenir la satisfaction personnelle, à moins qu'elle ne rencontre un mentor qui la guidera et l'encouragera. Par conséquent, il n'est pas étonnant de découvrir que la vie quotidienne nous offre plusieurs exemples de personnes qui gagnent leur vie en réglant les problèmes qui troublent ou terrifient les personnes talentueuses mais timides, ou qui, comme le faisait Raspoutine, saisissent les occasions d'exploiter ceux qui sont plus faibles qu'eux-mêmes mais qui ont de l'argent ou du pouvoir.

Toutefois, ceux qui ont un visage dont les zones sont de hauteurs égales, dont la ligne médiane est droite mais dont les zones diffèrent de largeurs, deviennent souvent riches et ont du succès. Prenez, par exemple, le visage de l'étoile de cinéma Dick Powell, qui apparaît à l'illustration 46.

Bien qu'elle soit quelque peu inégale, la naissance des cheveux de Powell forme une ligne droite d'un côté à l'autre de son front large et les côtés de son visage vont vers le bas et vers l'intérieur jusqu'au menton, relativement étroit mais certainement pas pointu. Il s'agit d'un visage en triangle inversé tronqué, ou visage de Vénus, une forme propre à ceux qui travaillent dans le domaine artistique. Le visage de Vénus est plus large au niveau du

Illustration 46: Dick Powell.   Illustration 47: Nelson Eddy.

front ou de la zone supérieure, laquelle, dans le cas de Powell, est remarquablement rectangulaire, un peu plus étroite dans la zone du milieu et très étroite au niveau de la zone inférieure. Si vous mesurez la longueur de son nez à partir du bout jusqu'au point situé immédiatement entre les extrémités intérieures de ses sourcils, ce qui donne la hauteur de la zone du milieu, vous découvrirez que cette distance est exactement égale à celles de la zone supérieure et de la zone inférieure. Par conséquent, chaque zone atteint la hauteur idéale. De même, la ligne médiane partant des cheveux situés sur la position 15 de Powell et allant jusqu'au centre du menton est droite, passant précisément au milieu du nez et au centre de la bouche.

Une telle droiture et un tel équilibre, de même que la forme et la régularité de ses traits, contribuent à la belle apparence de Powell. Mais, plus important encore, du point de vue de la physiognomonie, cette régularité de forme suggère que Powell ferait quelque chose de sa vie, qu'il n'échouerait pas par manque d'intelligence, d'adaptabilité ou d'énergie, même s'il n'avait pas assez de cette dernière pour réussir dans un domaine plus exigeant que le cinéma. Toutefois, il a fait un bon choix en optant pour la scène, où il s'est taillé une carrière variée et satisfaisante.

Né en 1904, Dick Powell avait du talent pour la musique, et on l'a encouragé à le développer alors qu'il était enfant — il faisait partie du choeur d'une église — ce qui lui a permis de gagner sa vie comme chanteur et musicien dans plusieurs groupes musicaux vers la fin de son adolescence et au début de la vingtaine. Puis, en 1932, il a été découvert par un dénicheur de vedettes de Warner Brothers et on lui a donné un petit rôle dans le film intitulé *Blessed Event*, après quoi on lui a offert un contrat cinématographique à long terme. Par la suite, il a chanté et joué dans un grand nombre de films, dont sept qu'il a tournés aux côtés de Ruby Keeler, et, en 1935 et 1936, son nom s'est retrouvé sur la liste des vedettes de cinéma des dix plus gros succès cinématographiques.

Durant la Seconde Guerre mondiale, alors qu'il désirait des rôles plus substantiels, il a été choisi pour jouer Philip Marlowe dans l'adaptation cinématographique du roman de Raymond Chandler, *Farewell, My Lovely* (*Murder, My Sweet, Adieu, ma jolie*, 1945). D'autres rôles importants ont suivi dans des films tels que *Johnny O'Clock* (1947) et *Pitfall* (1949), alors que dans *The Reformer and the Redhead* (1950), il a partagé la vedette avec son épouse June Allyson (sa première épouse était Joan Blondell). Toutefois, le déclin de sa popularité comme vedette du cinéma l'a encouragé à opter pour la production d'émissions de télévision en 1952, alors qu'il a mis sur pied le Four Star Playhouse avec David Niven et Charles Boyer. Cette entreprise est devenue plus tard le Four Star Television, qui a popularisé un grand nombre d'émissions, dont le «Dick Powell Show», où il jouait un détective privé du genre Marlowe. C'était un rôle qui lui a valu le commentaire sarcastique suivant de la part de Raymond Chandler: «Restez à l'écoute pour le Dick Powell Show. Mettant en vedette (vous l'avez deviné) Dick Powell. Le plus grand détective privé (qui chante ténor).» Dick Powell a tourné son dernier film, *Susan Slept Here*, en 1954. Il est mort de cancer du poumon en 1963.

Toutefois, aucun visage n'est parfait et celui de Dick Powell révèle des imperfections qui gâtent sa bonne fortune générale. Il est utile d'identifier les plus importantes, bien que je laisserai au lecteur le soin de découvrir leur signification dans les chapitres appropriés. Par exemple, la naissance des cheveux de Powell est inégale et floue; son front manque de rides bien définies; ses sourcils sont trop près de ses yeux; ses iris sont trop hauts, révélant un peu de blanc sous l'iris droit; la ride de sa joue droite est mal formée et son sillon naso-labial est flou et peu profond; et ses lèvres sont d'épaisseurs différentes, la lèvre supérieure étant plus mince que la lèvre inférieure. On ne peut évidemment pas tenir compte du teint puisque la photographie originale était en sépia, pas plus qu'on ne peut tenir compte des imperfections faciales qui ont pu être camouflées sous le maquillage ou effacées par le photographe.

Il est approprié de comparer le visage de Dick Powell à celui de Nelson Eddy (illustration 47), son contemporain, qui était aussi très populaire comme chanteur dans des films. En fait, leurs vies se ressemblent sous bien des aspects.

Nelson Eddy est né en 1901. Comme Dick Powell, il a fait partie de choeurs lorsqu'il était enfant et, plus tard, tout en travaillant comme journaliste pour une publication de Philadelphie, il a joué dans des revues musicales. Cela lui a valu, après avoir participé avec succès à une compétition, une place dans le Civic Opera de Philadelphie, avec qui il a chanté dans bon nombre d'opéras et de récitals, y compris certaines émissions radiophoniques, qui l'ont rendu célèbre. Il a été découvert par un dénicheur de vedettes en 1933 et s'est vu offrir un contrat par MGM, bien qu'on l'ait peu utilisé au début. Il a eu son coup de chance quand il a partagé la vedette avec Jeanette MacDonald dans *Naughty Marietta* (1935) et son succès a encouragé le studio à tourner un second film les mettant tous deux en vedette. Il s'agit du populaire *Rose Marie* (1936), après lequel on a donné aux deux étoiles le surnom de «Les coeurs chantants». D'autres films ensemble ont suivi, dont le dernier était *I Married an Angel* (1942). Après leur séparation, la popularité d'Eddy comme vedette de cinéma a diminué et il s'est retiré du domaine en 1947. Par la suite, il s'est remis à faire des disques et à donner des concerts et il a eu une espèce de retour au cours des années 1960, alors qu'il faisait la tournée des clubs de nuit. En fait, il chantait l'une de ses chansons de film préférées lorsqu'il s'est écrasé sur scène et est mort d'une attaque cardiaque en 1967.

Le visage de Nelson Eddy a la même forme vénusienne que celle de Dick Powell, bien que son front plus étroit, indiquant un esprit moins ouvert et moins large, le rende difficile à distinguer. Les trois zones faciales ont la même hauteur et la ligne médiane est droite, si l'on tient compte que la tête est légèrement tournée. Ses cheveux fournis sont presque identiques à ceux de Powell, comme l'est la naissance des cheveux, essentiellement horizontale, pourtant inégale et imprécise. Son front manque de rides et ses sourcils, bien que moins bas que ceux de Powell, sont trop près des yeux. (Le lecteur notera que la position 24 du front d'Eddy est remarquablement peu prononcée, ce qui suggère, en combinaison avec l'absence de rides frontales horizontales et en dépit de la hauteur du front, qu'il n'était pas le plus brillant des hommes.) Toutefois, ses iris sont larges et brillants et ne sont pas trop hauts. En fait, ses yeux sont son meilleur trait. Ils indiquent que la période de sa vie la plus chanceuse a eu lieu entre les âges de 34 et 39 ans. C'est alors, en effet, qu'il a atteint l'apogée de sa popularité quand il tournait aux côtés de Jeanette MacDonald. Son nez, comme celui de Powell, a la même arête droite à la grecque. Son sillon naso-labial est également indistinct et sa lèvre supérieure est plus mince que sa lèvre inférieure. Il n'est pas possible de comparer les rides des joues car celles d'Eddy sont obscurcies par l'ombre, bien que la droite semble tracée très clairement.

Ces déficiences, combinées aux caractéristiques positives similaires, indiquent que non seulement les hommes étaient semblables, mais qu'ils allaient partager des sorts largement similaires. Cependant Powell, comme le révèle son front plus large, était plus polyvalent, ce qui explique qu'il ait tenté de jouer des rôles plus exigeants et qu'il se soit lancé dans la direction et la production d'émissions de télévision après s'être retiré du cinéma. Eddy, moins talentueux, est resté chanteur et est mort à la tâche à l'âge de 66 ans, alors que Powell, qui vivait plus dangereusement, est mort à 59 ans. Il est vrai que la mâchoire d'Eddy, plus forte, suggérait qu'il vivrait plus longtemps.

Toutefois, analyser le caractère et le destin de personnes célèbres au moyen de photographies présente certains dangers. Nous avons déjà souligné que l'on peut recourir au maquillage pour cacher des marques ou des imperfections importantes, ou que ces dernières peuvent être effacées délibérément par le photographe. Et non seulement les femmes portent-elles généralement du maquillage, mais elles changent souvent leur apparence naturelle en épilant leurs sourcils, en portant des perruques, en se dessinant des grains de beauté et ainsi de suite, de même qu'en subissant des altérations plus radicales: déridage et autres opérations chirurgicales. En fait, les hommes d'aujourd'hui sont de plus en plus susceptibles d'altérer leur apparence de cette façon, surtout s'ils travaillent dans des domaines publics, ce qui pose un problème pour la personne qui lit les visages.

Mais y a-t-il lieu de demander, le visage non altéré symbolisant la personne intérieure de l'homme ou de la femme, si la personne intérieure ne peut être changée en restructurant le visage? Il ne fait aucun doute que ce soit vrai, du moins dans une certaine mesure, en particulier dans le cas de traits disproportionnellement larges ou mal formés ayant rendu leurs propriétaires malheureux et diminué leur estime de soi. Et cela, en soi, souligne le concept de base de la physiognomonie, à savoir que le visage bien équilibré, dont les traits sont réguliers et de dimensions normales, révèlent une personnalité calme, honnête et psychologiquement équilibrée, alors que le type de visage contraire appartient à des personnes angoissées, malheureuses et troublées. Et bien qu'il soit moins vraisemblable que des améliorations mineures, au moyen de maquillage par exemple, puissent donner lieu à de tels changements de caractère, il ne fait aucun doute qu'un maquillage appliqué avec talent puisse accroître temporairement la confiance en soi d'une femme.

Chapitre 6
LES OREILLES

Comme le front dit souvent la vérité, comme les yeux et le nez ont des langues et que l'apparence révèle le coeur et les inclinations, laissez donc l'observation vous instruire des lignes physiognomoniques pour qu'elles vous servent de règle de distinction et qu'elles guident votre affection vers ceux qui ressemblent le plus à des hommes.
Tiré de *Christian Moral*, par Sir Thomas Browne.

Par leur position, leur forme et leur couleur, les oreilles en révèlent beaucoup sur notre for intérieur et ne devraient pas être ignorées, en dépit du fait que leur observation chez les autres est souvent difficile parce qu'elles sont cachées par les cheveux. En fait, une telle réticence à révéler les oreilles peut provenir d'une connaissance intuitive de leur signification.

Les pavillons extérieurs pliables que nous appelons communément les oreilles sont appelées *pinnae* par les scientifiques et servent simplement à diriger les ondes sonores vers la cavité de l'oreille et donc vers le tympan, à partir duquel trois petits os, les osselets auditifs, transmettent ses vibrations vers l'oreille interne via l'oreille moyenne, où elles sont transformées en pulsions nerveuses et transmises par le nerf auditif aux centres auditifs du cerveau. Les pinnae sont faites de cartilage flexible recouvert de peau. Leur mouvement est rudimentaire chez l'homme alors que, chez les autres mammifères, elles peuvent être tournées avec précision et dirigées de façon à capter le moindre son.

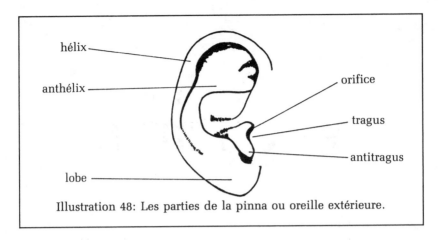

Illustration 48: Les parties de la pinna ou oreille extérieure.

La grosseur et l'apparence des oreilles extérieures peuvent varier énormément d'une personne à une autre et, en fait, elles sont uniques à chaque individu. Si bien que, avant qu'on recoure aux empreintes digitales, on avait suggéré d'utiliser les oreilles pour identifier les criminels. Toutefois, les empreintes d'oreilles auraient été de peu d'utilité pour la détection des criminels, car les hors-la-loi appliquent rarement leurs oreilles aux surfaces des lieux du crime.

Chaque pinna ou oreille a une structure plutôt complexe, telle qu'on peut le voir à l'illustration 48. Le bord extérieur de l'oreille, qui se recourbe habituellement pour former une flange, est appelé hélix, et les circonvolutions qu'on trouve à l'intérieur de l'hélix s'appellent l'anthélix. Le tragus est le petit nodule projeté vers l'arrière, au-dessus de la cavité de l'oreille, sous lequel se trouve une excroissance en forme de baie connue sous le nom de anti-tragus. À la base de l'oreille se trouve le lobe, auquel on attache les boucles d'oreilles.

Pour ce qui a trait aux dates, vos oreilles symbolisent les premières années de votre vie, la gauche représentant les six premières années de votre existence et la droite représentant les sept années suivantes. Votre oreille gauche symbolise également votre relation avec votre père, et votre oreille droite, votre relation avec votre mère.

Toutefois, les Chinois affirment que le contraire est vrai pour les femmes, c'est-à-dire que leur oreille droite signifie le père et leur oreille gauche, la mère. Par conséquent, si les deux oreilles sont mal formées, c'est le signe certain d'une enfance malheureuse et de problèmes avec les deux parents. Si seulement une oreille est anormale, si elle est décollée, par exemple, alors que l'autre est collée contre la tête, cela indique des problèmes avec le parent signifié par l'oreille et qui a été la cause d'un chagrin particulier à l'époque de la vie représentée par l'oreille.

Vos oreilles révèlent aussi certains traits de caractère, élaborés plus loin, en plus de présager, en combinaison avec les yeux et le nez qui se trouvent eux aussi dans la zone du milieu du visage, ce qui vous attend à l'âge moyen. Enfin, chaque partie des oreilles peut être liée à une région du corps spécifique, une chose dont l'acupuncture tire profit.

La position des oreilles sur les côtés de la tête donne une idée simple mais exacte de l'intelligence. Toutefois, il faut les examiner de front et de côté. Vues de front, les oreilles moyennes sont situées dans la zone du milieu, leurs extrémités extérieures étant alignées avec les yeux

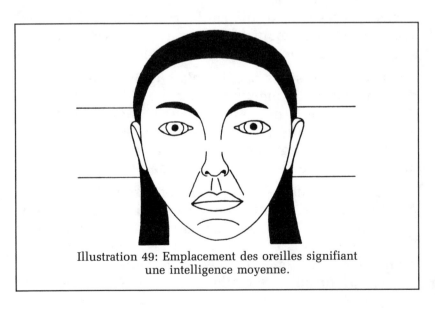

Illustration 49: Emplacement des oreilles signifiant une intelligence moyenne.

ou les dépassant quelque peu vers le haut (illustration 49). Les oreilles ainsi situées indiquent une intelligence moyenne.

Plus les oreilles sont hautes, ou plus leurs extrémités supérieures se rapprochent des sourcils, plus la personne est intelligente. En fait, les oreilles idéales sont grosses et vont des sourcils jusqu'au bas du nez, elles sont collées contre la tête, ont une bonne forme et une couleur un peu plus pâle que celle du visage. De telles oreilles, et vous êtes chanceux si c'est le genre d'oreilles que vous avez, symbolisent une personne très intelligente, modeste et chanceuse.

Si les extrémités de vos oreilles sont plus hautes que vos sourcils, vous avez une intelligence supérieure et vous atteindrez probablement un statut relativement important dans la vie. Mais, malheureusement, des oreilles hautes indiquent aussi une personnalité difficile et exigeante. Et si vous avez de telles oreilles, c'est que vous aimez faire à votre guise et avez peu de respect pour les sensibilités des autres. Toutefois, vous avez une nature moins déplaisante si les lobes descendent jusque vis-à-vis de la base de votre nez et si vos oreilles possèdent les caractéristiques positives mentionnées au paragraphe précédent. Mais si vos oreilles sont d'une couleur rouge foncée, si elles sont décollées et sont mal formées, alors vous êtes une personne très difficile et possiblement violente.

Par contre, si les oreilles n'atteignent pas le niveau des yeux, elles indiquent une personne d'intelligence inférieure. Et lorsque des oreilles basses n'ont pas d'hélix recourbé vers l'intérieur, elles révèlent que leur propriétaire manque de confiance et d'estime de soi. Par conséquent, il a peu de chances de faire grand-chose dans la vie.

Les oreilles devraient idéalement être situées au même niveau mais, dans la pratique, il y en a habituellement une qui est un peu plus haute que l'autre. Ce n'est jamais un bon signe lorsque les oreilles sont visiblement inégales: cela nuit à l'équilibre du visage. Les oreilles asymétriques suggèrent une enfance malheureuse, possiblement parce

Illustration 50: Profil d'Alexander Pope montrant des oreilles bien repoussées vers l'arrière.

que les parents avaient fait un mauvais mariage et que l'enfant en a souffert. La mesure de torts psychologiques peut se lire dans les autres traits. Si les oreilles sont grosses, collées contre les côtés de la tête, de couleur pâle et de belle forme, toutes des caractéristiques positives, elles indiquent que la personne concernée s'est assez bien ajustée aux problèmes de l'enfance et a utilisé, ou utilisera, les énergies qu'ils ont créées pour avancer dans la vie. Mais lorsque des oreilles très asymétriques ont une ou plusieurs caractéristiques négatives, alors le traumatisme psychologique a été sérieux et profond et il gâchera peut-être toute la vie. Toutefois, il faut lire ces oreilles en même temps que le reste du visage, car leur signification peut être atténuée par d'autres traits bien formés et bien équilibrés.

Lorsqu'on examine les oreilles de côté, leur position doit suivre une ligne imaginaire partant d'un point situé entre les sourcils, passant à travers l'orifice de l'oreille et allant jusqu'à la nuque (illustration 50).

Si l'espace devant vos oreilles constitue les deux tiers du total — compte tenu qu'on évalue votre visage selon un profil à deux dimensions — cela signifie que vous avez une intelligence moyenne. Un espace plus grand symbolise une intelligence supérieure, qui lui est nécessairement reliée. Par exemple, dans le cas du profil de l'illustration 50, celui d'Alexander Pope (1688-1744), l'espace à l'avant de la cavité de l'oreille est remarquablement plus grand, près des trois quarts du total, ce qui suggère une intelligence vraiment supérieure. Cette estimation est confirmée par ses grosses oreilles, qui partent d'un peu en dessous de son long nez et vont jusqu'au milieu des yeux et des sourcils, et par son front, haut et large. Pope est l'un des plus grands poètes britanniques.

Lorsque l'espace devant les oreilles constitue moins des deux tiers du total, l'intelligence est proportionnellement moins grande alors que les caractéristiques animales, signifiées par l'espace derrière les oreilles, sont proportionnellement plus importantes. Ainsi, si les oreilles sont situées à mi-chemin le long de la ligne joignant la base du front à la nuque, la personne concernée a un instinct animal puissant et un intellect faible, à moins que son visage ne présente des traits contraires.

Illustration 51: Cary Grant.   Illustration 52: Clark Gable.

Mais il est évident, étant donné qu'il y a trois principaux indicateurs de l'intelligence, a) la hauteur et la largeur du front; b) la hauteur des oreilles et c) l'emplacement de l'orifice de l'oreille, qu'il faut tenir compte des trois avant de porter un jugement. Lorsque chacun des trois traits suggère une intelligence supérieure, comme c'est le cas pour Alexander Pope, on peut alors être absolument certain que la personne est douée intellectuellement. Mais lorsque les indications sont différentes, le quotient intellectuel réel se situera vraisemblablement entre les deux extrêmes. On trouve, par exemple, de telles indications différentes chez le jeune Cary Grant qui apparaît à l'illustration 51.

Le front de Grant est très haut, sinon large, et les proportions entre l'espace situé devant son oreille et celui à l'arrière sont de deux tiers par rapport à un tiers, traits qui suggèrent une intelligence moyenne ou légèrement au-dessus de la moyenne. Toutefois, si l'on tient compte de la grandeur de son oreille, dont l'extrémité se trouve au même niveau que ses sourcils et dont le lobe atteint le niveau de la base du nez, nous devons nécessairement évaluer son intelligence, sinon à un degré supérieur, du moins à un degré bien au-dessus de la moyenne. Ceci étant dit, on ne s'étonnera pas de découvrir que, de l'avis de David Shipman, auteur de *The Great Movie Stars* (1979), Grant «était le seul parmi les vedettes de Hollywood à s'occuper lui-même de ses finances; et il avait son mot à dire sur tous les aspects des films qu'il a tournés». Et ce faisant, Cary Grant est devenu multimillionnaire.

Les oreilles idéales sont visibles de face mais sont presque complètement collées aux côtés de la tête (voir illustration 46). De telles oreilles, visibles mais non protubérantes, indiquent que la personne a eu une enfance heureuse, qu'elle aura du succès et sera satisfaite à l'âge moyen.

Toutefois, si les oreilles sont tellement collées à la tête qu'on ne peut pas les voir de face, cela indique une personne qui a été surprotégée durant l'enfance et qui, en conséquence, est devenue un adulte paresseux et irresponsable. Elle fera probablement un employé et un partenaire conjugal indifférent et sera donc désavantagée dans la vie. Toutefois, si les traits faciaux sont bien formés et proportionnés, elle acquerra plus d'énergie et de détermination à mesure qu'elle vieillira, quoiqu'elle n'atteindra peut-être jamais la maturité.

Des oreilles protubérantes sont symboliques d'une enfance malheureuse — la mesure d'insatisfaction étant directement reliée au degré de protubérance — ce qui jette une ombre sur la vie. Elles présagent aussi un âge moyen difficile et souvent malheureux. Les enfants d'école qui ont les oreilles décollées sont souvent difficiles et leur mauvais comportement est attribuable à une vie familiale troublée et non pas, comme l'affirment des personnes cyniques, parce que leurs oreilles décollées les rendent malheureux. En fait, nous avons déjà souligné que, selon Cesare Lombroso, ces oreilles sont un indice d'une nature criminelle.

Toutefois, lorsque des oreilles décollées sont accompagnées de traits faciaux symbolisant des forces de caractère, les énergies produites par une enfance difficile peuvent généralement être canalisées de façon positive plus tard dans la vie, et donc enrichir et assurer davantage de succès à l'âge mûr. Clark Gable, le défunt Roi de Hollywood, est peut-être la célébrité la plus connue à avoir eu des oreilles décollées (illustration 52).

Enfant unique, Gable est né à Cadiz, en Ohio, le 1er février 1901. Sa mère, Adeline, est décédée alors qu'il avait neuf mois. Il a été élevé par son père, William Gable, un homme dur qui était prospecteur de pétrole et qui méprisait les acteurs et leur entourage. Toutefois, quand son père s'est remarié, le jeune Clark a reçu l'appui de sa belle-mère, qui l'a encouragé dans ses ambitions artistiques.

Il ne fait aucun doute que Gable a surmonté son enfance troublée et est devenu une étoile du cinéma riche et adulée, même s'il avait développé une fixation sur la mère. Sa première épouse, Josephine Dillon, professeur d'art dramatique qu'il a rencontrée alors qu'il était réparateur de téléphones, avait 17 ans de plus que lui, et sa seconde épouse, l'héritière Rita Langham, avait 14 ans de plus que lui. Il a ensuite établi une relation plus conventionnelle avec Carole Lombard, née en 1908, mais leur mariage, en 1939, alors que Gable était d'âge moyen, a été une période négative pour lui, telle que révélée par ses oreilles protubérantes, car leur mariage a pris fin alors que Lombard est morte tragiquement dans un accident d'avion en 1942. Gable a été bouleversé par sa mort et ne s'en est jamais totalement remis. Il a épousé une autre femme plus âgée, Sylvia, Lady Ashley, et leur mariage a été de courte durée, et il s'est finalement lié à la jeune Kay Spreckles, qui a donné naissance à son unique enfant, un fils, quelque temps après sa mort en 1960, alors qu'il venait de terminer *The Misfits* aux côtés de Marilyn Monroe.

Les dimensions des oreilles sont également importantes. Idéalement, elles devraient être grandes tout en étant proportionnées aux autres traits, comme l'étaient celles de Clark Gable. De petites oreilles sont le propre de personnes à l'esprit lent et malléable et qui ont de la difficulté à éviter les problèmes. De très grandes oreilles nuisent aussi à l'équilibre du visage. Elles révèlent que leur propriétaire manque de maturité et qu'il a des tendances puériles, telles que l'envie, la bouderie et l'égoïsme, qui affectent négativement ses relations. En fait, Aristote lui-même a dit des grosses oreilles: «De grosses oreilles épaisses sont un signe certain d'une personne frivole.» À quoi il a ajouté: «Des oreilles protubérantes et extrêmement grandes indiquent la stupidité, la verbosité et l'imprudence.»

Si l'extrémité de vos oreilles est ronde, cela indique que vous avez une nature ouverte et enthousiaste, alors que si elle est plate, vous êtes refoulé et vous fonctionnez mieux dans un environnement établi et structuré. Les oreilles pointues ont une signification négative et indiquent une personne égoïste, exigeante et parfois agressive. Ces tendances sont exacerbées lorsque les oreilles sont minces et manquent de consistance.

La forme de l'hélix ou bord extérieur des oreilles révèle une bonne part de notre vision de nous-même et de l'effet que nous exerçons sur le monde. C'est pourquoi nous devons examiner leur apparence en détail.

Ce n'est jamais un signe favorable lorsque les hélix des oreilles sont plats; cela indique des qualités de caractère faibles ou totalement absentes. Il n'est pas de bon augure non plus que la courbure des hélix soit serrée, de façon à former un tube, car c'est un trait qui représente une accentuation anormale des caractéristiques symbolisées par les hélix. Les personnes qui ont des hélix roulés ont tendance à avoir un complexe de supériorité et un désir de persuader les autres de penser comme elles. Elles peuvent causer beaucoup de tort lorsque leurs convictions sont erronées ou mauvaises.

L'hélix de chaque oreille peut être divisé en cinq zones suivant les heures d'une montre. Toutefois, elles se rejoignent souvent sans être limitées par aucune marque, ce qui rend difficile de localiser exactement leur début et leur fin. Toutefois, il est très courant de trouver que l'une ou l'autre des zones est accentuée chez différentes personnes, un trait qui reflète certaines de leurs différences de caractère.

La zone 1 marque le début de l'hélix sur le côté de la tête (illustration 53). C'est souvent la zone la plus large et la plus évidente et lorsqu'elle est bien formée, elle indique un ego puissant, accompagné de la fierté de soi. En fait, les personnes qui possèdent un tel hélix veulent réussir dans le monde et attirer l'attention des autres. Cela explique que les personnes publiques ont invariablement une zone 1 bien développée. Par contre, la fierté personnelle fait malheureusement défaut aux personnes qui ont des oreilles dénuées de cette zone, et l'on peut considérer qu'elles souffrent d'un complexe d'infériorité; elle n'est présente que sous une forme limitée chez les personnes qui ont une zone 1 évidente sur une oreille, mais pas sur l'autre.

La zone 2 se trouve au sommet de l'hélix (illustration 54) et lorsqu'elle est bien développée, elle révèle des idées ou des convictions solides. Si elle est accompagnée d'une zone 1 absente ou mal formée, ces idées peuvent se manifester sous forme d'excentricités anodines, mais lorsqu'elles sont liées à un ego puissant, tel qu'indiqué par une zone 1 bien formée, elles donnent naturellement un but et une direction dans la vie. Si la zone 2 est roulée en un tube, cela démontre que les convictions ont une base illogique et que, si les autres traits faciaux ont une connotation négative, elles peuvent être utilisées pour justifier l'intolérance et d'autres notions extrêmes. Si la zone 2 d'une oreille est moins bien développée que celle de l'autre, c'est une indication que les convictions ne sont pas très profondes.

La zone 3 comprend le début de la courbe descendante de l'hélix de chaque oreille (illustration 55). Lorsque cette zone est bien formée, elle symbolise une curiosité innée pour tout ce qui est étrange et mystérieux, surtout pour ce qui rend perplexes les soi-disant experts. Ainsi, les personnes qui ont une paire de zones 3 accentuées aiment lire et s'informer au sujet des OVNI, d'Atlantis, de l'Eldo-

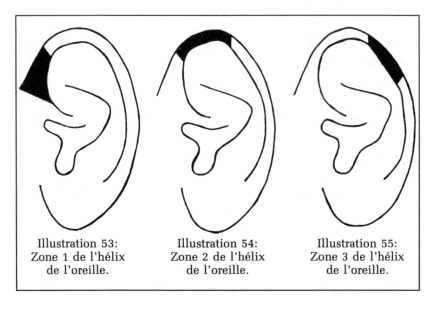

Illustration 53:
Zone 1 de l'hélix
de l'oreille.

Illustration 54:
Zone 2 de l'hélix
de l'oreille.

Illustration 55:
Zone 3 de l'hélix
de l'oreille.

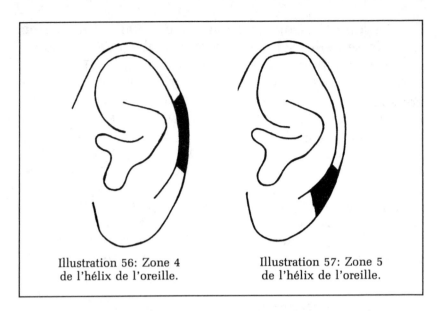

Illustration 56: Zone 4
de l'hélix de l'oreille.

Illustration 57: Zone 5
de l'hélix de l'oreille.

rado, de la télépathie, de la vie après la mort, etc., de même que sur les sujets scientifiques étranges. Et si elles ont aussi des zones 2 remarquables, elles auront elles-mêmes amplement d'idées sur ces sujets. Des zones 1 bien développées sont le propre d'une personne qui participe directement à des recherches excentriques ou à l'organisation d'expéditions. Une zone 3 roulée indique que son propriétaire a des idées fixes.

La zone 4, la plus longue des cinq, forme le bord extérieur de l'oreille et descend vers le lobe (illustration 56). Elle symbolise le pouvoir de concentration et identifie la personne qui persiste à la tâche jusqu'à ce que celle-ci soit complétée ou qui travaille à un problème tant qu'il n'est pas réglé. Ceci est particulièrement vrai des personnes dont la zone 4 descend sans interruption de la zone 3 jusqu'à la zone 5. Ces personnes ne démissionnent jamais. Si la zone se trouve sur une oreille mais pas sur l'autre, le déséquilibre révèle quelqu'un qui était futé durant l'enfance et qui a échoué plus tard ou qui, comme Winston Churchill et Albert Einstein, était considéré comme un incapable lorsqu'il était jeune mais est devenu un adulte très doué.

La zone 5, lorsqu'elle est présente, descend jusque dans l'orifice de l'oreille. Elle symbolise une tournure d'esprit matérialiste et donc une préoccupation pour l'argent et tout ce qu'il permet d'acheter. Ceux qui ont des zones 5 très visibles croient que l'habit, ou le confort, fait le moine (homme ou femme), ce pourquoi ils cherchent constamment non seulement à égaler mais à surpasser le voisin au plan des possessions. Ils ne sont pas complètement égoïstes et, lorsqu'ils sont animés d'idées plus larges, ils peuvent chercher activement à gratifier d'autres personnes des avantages matériels de la vie.

Le lobe de l'oreille est très important. Il révèle beaucoup du caractère d'une personne, de sa longévité et de son destin. Vous devriez donc examiner les vôtres attentivement.

On s'est rendu compte il y a longtemps que chaque oreille ressemble à un foetus sur le point de naître. Ainsi, le lobe correspond à la tête du foetus et aide à expliquer les qualités mentales qui lui sont associées. C'est aussi la raison pour laquelle les acupuncteurs mettent des aiguilles dans le lobe de l'oreille pour guérir les maux de tête.

Le lobe idéal, et le plus chanceux, est gros, arrondi et dodu. Si c'est le cas pour les vôtres, non seulement avez-vous un esprit brillant et beaucoup d'intelligence, mais vous possédez aussi des qualités spirituelles très évoluées. En fait, on dit du Bouddha que les lobes de ses oreilles étaient tellement grands qu'ils atteignaient ses épaules. De gros lobes signifient également que la personne atteindra un statut élevé dans la vie, bien qu'on ne puisse faire une telle prédiction que lorsqu'ils sont accompagnés d'autres traits positifs. C'est pourquoi Cesare Lombroso a découvert que les criminels-nés avaient souvent des lobes d'oreilles anormalement gros; ces derniers faisaient typiquement partie d'oreilles en déséquilibre avec le reste du visage. De grands lobes d'oreilles indiquent également une longue vie. Le lecteur a peut-être remarqué que les personnes très vieilles ont toujours de grands lobes d'oreilles.

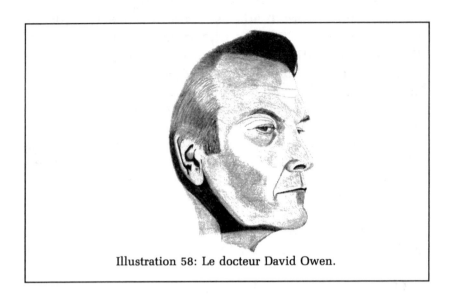

Illustration 58: Le docteur David Owen.

Le docteur David Owen, chef du Parti social démo-crate (illustration 58) a de grands lobes d'oreilles qui reflè-tent le succès qu'il a obtenu en politique et sa compré-hension solide des affaires nationales et des affaires étran-gères. Et pourtant, les quelques années qui viennent sont susceptibles de le décevoir. Il a atteint l'âge de 51 ans le 2 juillet 1989 et les quatre prochaines années (1989-1993) sont symbolisées par ses lèvres minces, son pire trait facial. Il peut donc s'attendre à essuyer des échecs pendant quel-que temps encore.

Des lobes d'oreilles plus petits représentent nécessai-rement un esprit d'intelligence plus modeste et un destin moins spectaculaire. Mais des lobes qui sont trop minces, même s'ils sont grands, perdent leur signification par man-que de substance. Il en va de même des lobes attachés aux côtés du visage, c'est-à-dire qui ne pendent pas librement.

Les oreilles sans lobes sont les plus malchanceuses. Elles indiquent des processus intellectuels insignifiants, des plaisirs vils, des difficultés à avancer et une vie brève. C'est pourquoi Lombroso a aussi noté qu'un grand nom-bre de criminels ont des oreilles sans lobes.

Ce n'est jamais un bon indice lorsque des poils poussent dans la cavité de l'oreille ou, pis encore, sur le pavillon même. Des poils visibles annulent la valeur des points forts de l'oreille, indiquant que les talents ne sont pas exploités. Des poils qui poussent sur des oreilles inférieures symbolisent un caractère vil et une vie malchanceuse.

Chapitre 7
LE FRONT

Comme nous l'avons déjà découvert, le front forme la zone supérieure du visage. Il représente les pouvoirs de l'intellect et les traits de caractère qui lui sont associés. Il symbolise également le destin d'une personne entre 15 et 29 ans.

La forme du front est déterminée en grande partie par la naissance des cheveux. La naissance des cheveux peut traverser le front en ligne droite, courber vers le haut pour former un demi-cercle ou un point, ou courber vers le bas pour décrire une forme en M. En plus de modifier la signification du front, ces différentes naissances de cheveux contribuent à la forme générale du visage.

La hauteur du front se mesure à partir d'un point situé entre les sourcils, jusqu'à la naissance des cheveux. Idéalement, cette distance devrait être égale à la longueur du nez et à la hauteur de la zone inférieure. Ce n'est jamais bon signe lorsque le front est plus court que l'une ou l'autre des deux autres zones: cela révèle une intelligence réduite et un manque d'éclat mental.

Par contre, un front haut indique une intelligence supérieure et un esprit rapide. Toutefois, le front ne devrait pas excéder la hauteur de l'une ou l'autre des deux zones plus basses. Si c'est le cas, il indique des processus mentaux confus et l'incapacité de s'entendre avec les autres.

«C'était un homme grand, beau et direct; mais il était taré par une fierté excessive», a écrit John Aubrey au sujet de Sir Walter Raleigh, et il a ajouté: «Il avait un aspect

Illustration 59: Sir Walter Raleigh.

des plus remarquables, un front extrêmement haut et des yeux amers, des espèces d'yeux de porc.» (illustration 59)

Toutefois, il est important de ne pas surestimer la hauteur du front des hommes atteints de calvitie. La perte des cheveux n'affecte pas la hauteur véritable du front, dont on peut détecter le tracé en examinant le front de près. Règle générale, le front ne devrait pas avoir moins de cinq centimètres (2 po) ni plus de huit centimètres (3 po) de haut.

Pour déterminer la largeur du front, on mesure la distance de la naissance des cheveux d'une tempe à l'autre, à deux centimètres (2 po) au-dessus des sourcils (illustration 60). Bien que la largeur du front soit naturellement déterminée par les dimensions du crâne, on peut dire, de façon générale, qu'un front large a au moins quinze centimètres (6,9 po) de largeur.

Comme il a été expliqué au chapitre 5, la largeur du front symbolise la largeur des idées d'une personne et son degré d'intelligence, qui sont plus importants si le front est large et moins importants s'il est étroit. Un front étroit est typiquement formé par des cheveux qui poussent vers l'avant sur les tempes, comme on peut le voir sur la photo

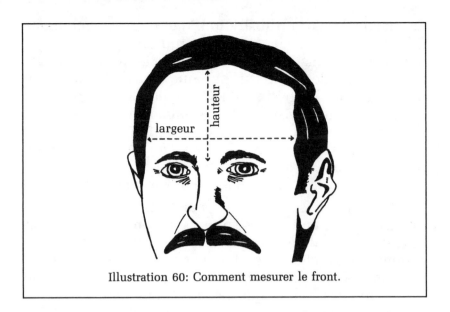

Illustration 60: Comment mesurer le front.

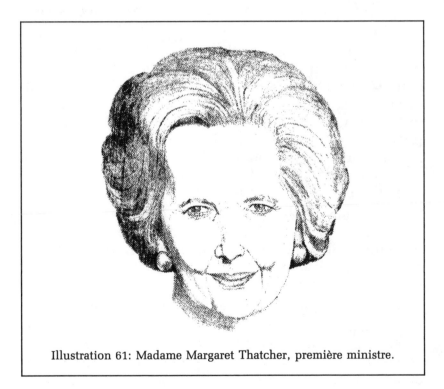

Illustration 61: Madame Margaret Thatcher, première ministre.

de Junzo Okudairo (illustration 5) et qui est symbolique d'un fanatisme criminel. On remarque aussi des cheveux qui poussent ainsi vers l'avant sur les tempes de Margaret Thatcher, dont le front, quoique haut, est comparativement étroit (illustration 61). Cet indice suggère que bien que la première ministre soit une femme d'une intelligence remarquable, elle a des points de vue plutôt étroits ou restreints. Toutefois, contrairement à Junzo Okudairo, madame Thatcher a d'excellents autres traits faciaux, ce qui indique à la fois un statut élevé et une longue vie.

Les tempes sont formées par le front, qui vire au-dessus des extrémités des sourcils et dont les deux coins devraient être délicatement arrondis et non angulaires comme des marches d'escalier. Les coins arrondis font ressortir le meilleur des caractéristiques possibles que le front puisse montrer, alors que les coins angulaires peuvent amoindrir la signification des bonnes caractéristiques du front tout en ajoutant un autre aspect négatif à un front bas, étroit ou présentant quelque autre mauvaise formation.

Lorsque la naissance des cheveux est droite, ce qui est typiquement le cas lorsque le visage est carré ou rectangulaire, en triangle inversé ou en triangle inversé tronqué (soit visages de Mars, Jupiter, Mercure ou Vénus), cela indique un esprit rationnel, du genre appartenant à une personne qui pense plus qu'elle ne sent et qui croit que tous les problèmes humains peuvent être résolus par le pouvoir cérébral. Ce genre de personne est donc pratique et méthodique dans son approche de la vie.

Une naissance des cheveux droite est habituellement associée au visage en triangle à l'endroit tronqué ou visage de Saturne (illustration 63), bien que sa hauteur soit raccourcie par les cheveux qui poussent à l'avant sur les tempes.

Une naissance des cheveux courte et droite symbolise une personnalité réprimée, associée à un mauvais caractère, l'irritabilité, des goûts et des intérêts limités, et des opinions arrêtées. Ces personnes ont souvent eu une enfance malheureuse et ont donc tendance à manquer

Illustration 62: Naissance des cheveux droite.　　Illustration 63: Naissance des cheveux droite et courte.

d'affection; toutefois, parce qu'elles ont de fortes pulsions sexuelles, elles ont tendance à confondre sexe et amour et se marient donc très jeunes, ce qui produit souvent des résultats désastreux, ou ne se marient pas du tout, préférant passer d'un amant ou d'une maîtresse à un(e) autre. Par conséquent, elles sont souvent angoissées et susceptibles de souffrir de dépression.

Une naissance des cheveux arrondie est souvent associée à un visage rond ou visage de Lune (illustration 64) et l'on peut dire qu'elle symbolise l'inconstance, la superstition et l'imagination exagérée caractéristiques de ce type. Toutefois, lorsqu'elle est associée à une autre forme de visage, elle indique un esprit plus ouvert et intuitif et, donc, une plus grande individualité. La personne dont la naissance des cheveux est arrondie a tendance à être un peu irresponsable et égoïste; il n'est pas toujours facile de vivre avec elle et elle aime le confort, ce qui la pousse souvent à exploiter les autres et à être avide d'argent.

La naissance des cheveux en pignon appartient au visage en triangle à l'endroit, ou visage du Soleil (illustration 65), bien qu'elle soit habituellement moins pointue. Elle révèle une adolescence troublée et est donc la marque d'une personne souffrant d'insécurité et de sentiments d'incompétence, qui rêve de renier ses racines

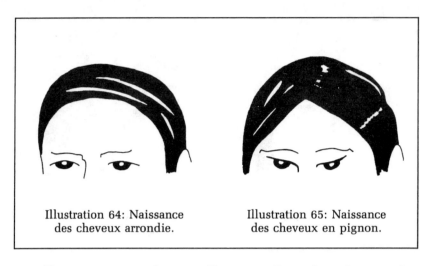

Illustration 64: Naissance
des cheveux arrondie.

Illustration 65: Naissance
des cheveux en pignon.

qu'elle méprise, et de se tailler une place dans le monde, souvent sous un nom d'emprunt. Il s'agit souvent de personnes d'intelligence supérieure mais étroites d'esprit, ce qui explique que certaines d'entre elles soient souvent attirées par des groupes révolutionnaires extrémistes et souvent violents. Ces groupes leur offrent l'acceptation émotionnelle et leur donnent souvent l'occasion de se venger de la société.

La naissance des cheveux en M symbolise l'artiste, le type qui est non seulement sensible aux lignes, aux formes et aux couleurs, mais qui désire aussi être applaudi et acclamé (illustration 66). Cette personne se sent différente de son entourage, auquel elle se croit supérieure et dont elle dénigre les goûts et les aspirations, mais de qui elle accepte volontiers de l'aide quand elle a des problèmes. Ce genre de personnes préfèrent mener une vie libre et ne veulent pas s'encombrer de responsabilités. Elles diront à leur public qu'elles l'aiment mais, en réalité, elles n'aiment qu'elles-mêmes.

Une naissance des cheveux irrégulière ou inégale (illustration 67) appartient à une personne rebelle, névrosée, sans humour, en guerre contre le milieu dans lequel elle vit et qui, à cause de ses attitudes et de son comportement, a eu une adolescence difficile et malheureuse. Tou-

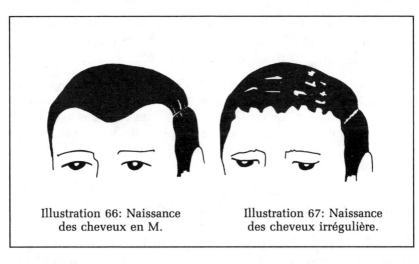

Illustration 66: Naissance
des cheveux en M.

Illustration 67: Naissance
des cheveux irrégulière.

tefois, de telles tendances marginales ne l'empêchent pas nécessairement de réussir et, en fait, si le front lui-même est haut et large, la personne surmontera les problèmes de sa jeunesse et fera quelque chose de sa vie, comme ce fut le cas, par exemple, pour Nelson Eddy (illustration 47) et pour Dick Powell (illustration 46).

Il est important, lorsque vous évaluez votre front, de l'examiner de côté et de face. Mais avant d'examiner le front de profil, nous devons mentionner le travail de l'anatomiste et naturaliste hollandais Petrus Camper (1722-1789), dont le célèbre essai intitulé *The Connexion between the Science of Anatomy and The Arts of Drawing, Painting, Statuary, etc.* (1781), a fait état du lien qu'il avait découvert entre la position du front par rapport aux lèvres, vus de profil, et la mesure de beauté et d'intelligence de la personne concernée.

Le désormais célèbre «angle de Camper» est celui que l'on obtient en traçant une ligne des lèvres au front (MG dans l'illustration 68) et en traçant une ligne horizontale au niveau de l'orifice de l'oreille (AB dans l'illustration 68). Camper a calculé que l'angle mesurait 47 degrés chez le pongo, 58 degrés chez l'orang-outan, et variait entre un minimum de 70 et un maximum de 80 chez ses concitoyens hollandais, alors qu'il était normalement plus grand dans le cas des profils grecs classiques, comme ceux qu'il a examinés sur d'anciennes pièces de monnaie, des gravures, des mosaïques, des statues, etc.

> Les deux extrémités de la ligne du visage, a-t-il souligné, sont de 70 à 100 degrés... calculez-le à 70 et vous avez un orang-outan ou un singe; réduisez-le encore davantage et vous avez la tête d'un chien... (mais) si la partie protubérante du front excède 100 degrés, la tête est déformée et prend l'apparence d'un hydrocéphale ou tête d'eau.

Donc, la théorie de Camper était que plus l'angle est grand, pour autant qu'il ne dépasse pas 100 degrés, plus le quotient intellectuel est élevé et plus le visage est beau. Toutefois, pour être juste, il faut souligner que, dans certains cas, les mesures prises par Camper étaient limitées à un seul crâne.

Le lecteur que cela intéresse pourra mesurer «l'angle de Camper» sur le profil d'Alexandre le Grand (illustration 31), qu'il trouvera grand, et le comparer au sien. Si votre angle est le même, ou presque, que celui d'Alexandre, qui était non seulement un stratégiste militaire bril-

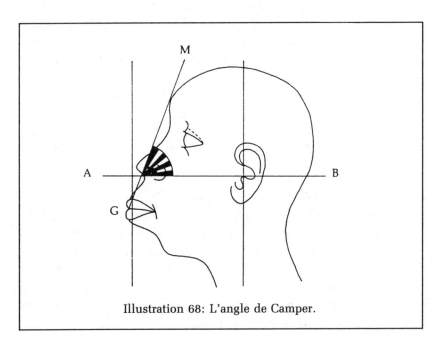

Illustration 68: L'angle de Camper.

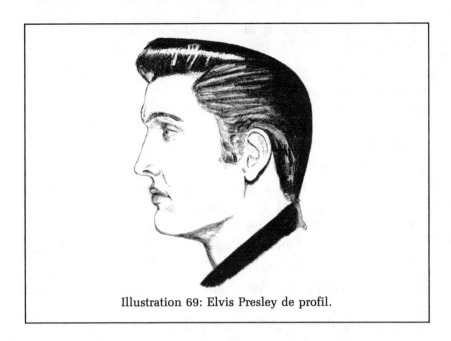

Illustration 69: Elvis Presley de profil.

lant — il a conquis presque tout le monde connu — mais qui était aussi vénéré comme un dieu de son vivant, alors peut-être que votre destin sera tout aussi spectaculaire. Ce fut certainement le cas pour Elvis Presley (illustration 69), dont l'angle, de profil, était égal à celui d'Alexandre, sinon plus grand. Elvis a conquis le monde comme roi du

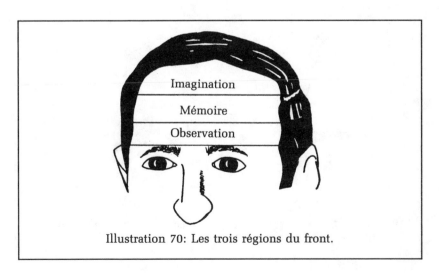

Illustration 70: Les trois régions du front.

rock'n'roll et était, en fait je crois qu'il l'est toujours, vénéré comme un dieu.

Toutefois, ne soyez pas trop déçu si l'angle de votre profil est plus petit. La chance associée à un grand angle semble limitée aux années couvertes par le front, après quoi elle tourne décidément mal. Alexandre le Grand est mort à 32 ans, il a peut-être été empoisonné, et Elvis Presley est mort, après un long déclin, à l'âge de 42 ans.

Le front peut être divisé horizontalement en trois régions (illustration 70), chacune représentant des facultés mentales particulières. Lorsque l'une ou l'autre de ces régions est plus prononcée, elle révèle que les facultés qui lui sont associées sont plus développées.

Si la région immédiatement au-dessus des sourcils est plus prononcée, les capacités d'observation et de perception sont aiguisées (illustration 71). Si c'est le cas de votre propre front, non seulement vous avez une bonne vue, mais vous remarquez les détails et réagissez à des indices visuels qui échappent à la personne moyenne. Vous excellerez donc à des tâches qui nécessitent une telle habileté, qu'il s'agisse de quelque chose d'aussi simple que d'inspecter des produits à l'usine pour vous assurer qu'ils n'ont pas d'imperfections, ou de quelque chose qui sorte de

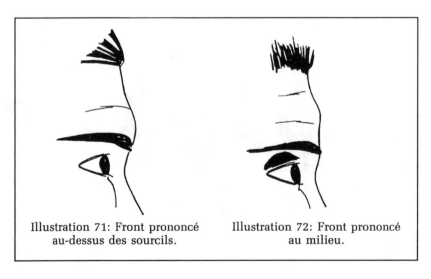

Illustration 71: Front prononcé
au-dessus des sourcils.

Illustration 72: Front prononcé
au milieu.

l'ordinaire, comme suivre, épier et détecter des criminels. Une bonne observation est également nécessaire pour des passe-temps tels que l'ornithologie, le tir au pigeon d'argile, l'étude de la nature et, bien sûr, pour la physiognomonie et les autres méthodes d'analyse du caractère.

«On dit qu'on peut connaître le caractère d'un homme à la façon dont il porte son chapeau», a dit Lord Baden-Powell, détective et espion de talent. «S'il porte son chapeau un peu de côté, l'homme a bon caractère; s'il le porte très bas sur le côté, c'est un fanfaron; s'il le porte vers l'arrière de la tête, il a tendance à ne pas payer ses dettes; s'il le porte carrément sur la tête, il est probablement honnête mais très ennuyeux.»

Si le milieu de votre front est plus large, de sorte qu'il est un peu protubérant (illustration 72), cela indique que vous avez une bonne mémoire, que vous retenez facilement les faits et les informations que vous entendez ou que vous voyez, bien que cela ne veuille pas dire que vous êtes plus intelligent que quelqu'un qui n'a pas beaucoup de mémoire. Toutefois, comme n'importe quelle mémoire peut s'améliorer avec la pratique, ne désespérez pas si la vôtre est comme une passoire.

Enfin, si la partie supérieure de votre front est proéminente, cela indique que vous avez une imagination fertile (illustration 73). Toutefois, alors qu'une bonne ima-

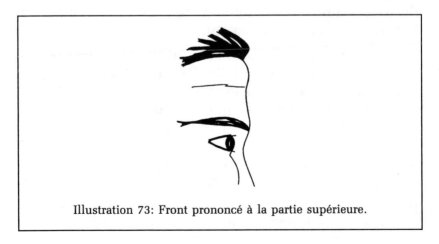

Illustration 73: Front prononcé à la partie supérieure.

gination est utile si vous travaillez dans un domaine créatif, elle peut vous rendre trop sensible aux offenses et susceptible d'exagérer les difficultés, en plus de vous prédisposer à la dépression. Un front supérieur moins protubérant ou plutôt plat symbolise une imagination moins fertile, alors qu'une région supérieure fuyante est l'indice de quelqu'un qui a peu ou pas du tout d'imagination.

Ce n'est pas un bon signe lorsque le front penche carrément vers l'arrière, ou lorsqu'il penche trop vers l'avant, surplombant les yeux. Dans les deux cas, cela indique une intelligence inférieure et une instabilité mentale. Toutefois, il faut être prudent lorsqu'on fait une telle évaluation car une autre caractéristique, la position des oreilles par exemple, peut indiquer quelque chose de différent. Ainsi, la photographie de Cary Grant (illustration 51) révèle que son front penchait énormément vers l'arrière; toutefois, ses autres caractéristiques faciales, beaucoup plus positives, indiquent que, malgré tout, il avait du succès et était un homme *compos mentis*. De la même façon, Julius Capitolinus nous dit que l'empereur romain Verus «était un homme grand et son front était un peu protubérant au-dessus des sourcils... (mais) il a vécu pendant quarante-deux ans et a été empereur, avec son frère, pendant onze ans».

Nous avons déjà parlé, dans un chapitre précédent, des rides frontales qui s'élèvent verticalement au-dessus du nez, et nous devons maintenant examiner celles qui le traversent horizontalement.

Edmund Waller, poète et royaliste du XVIIe siècle, a été décrit comme suit par John Aubrey: «Il est un peu plus grand que la moyenne et son corps est mince, pas du tout robuste; il a une belle peau mince et son visage a une teinte olivâtre; ses cheveux sont frisés, de couleur brunâtre; il a de grands yeux protubérants et actifs; son visage est ovale, son front est haut et *plein de rides*...»

Waller était exceptionnel, non seulement comme poète, mais parce qu'il a vécu jusqu'à 82 ans, alors que la moyenne de longévité, à son époque, était de quarante ans. Par conséquent, nous ne devrions pas nous étonner d'apprendre que son front était «plein de rides», car celles-ci ont toujours été considérées comme un signe à la fois de vénérabilité et de longévité. En fait, aucune personne de valeur ne vit jusqu'à un âge avancé sans accumuler de rides frontales; seuls les esprits lents et inexpérimentés et ceux qui meurent jeunes n'ont pas de rides au front. Et à mesure que nous vieillissons et que les rides se creusent et deviennent plus évidentes, elles apparaissent invariablement, si tant est qu'elles vont apparaître, vers le milieu de la vingtaine.

L'interprétation du front et des rides, un art connu sous le nom de métoscopie, a été perfectionnée par le savant italien Gerolamo Cardano, qui a écrit plusieurs ouvrages à ce sujet. Cardano affirmait que le front typique avait jusqu'à sept rides horizontales et que chacune était associée à l'une des sept planètes de l'astrologie traditionnelle. À partir du sommet du front et en descendant, les rides représentent respectivement Saturne, Jupiter, Mars, le Soleil, Vénus, Mercure et la Lune (illustration 74).

On lit les rides à peu près de la même façon qu'on lit les lignes de la main. On les interprète selon leur nom-

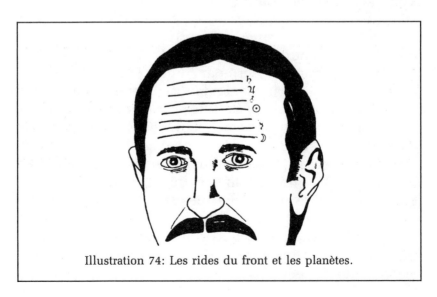

Illustration 74: Les rides du front et les planètes.

bre, leur clarté, leur longueur, leur couleur, leur trajet et leur profondeur, et l'on porte une attention spéciale aux imperfections négatives, comme les brisures, les îlots, les verrues ou les grains de beauté qui les interceptent, etc. Toutefois, et c'est peut-être ce qu'il y a de plus important, elles sont considérées comme symbolisant les influences planétaires.

Quant à ce dernier aspect, le front, que l'on dit dominé par le signe zodiacal du Bélier, est analogue à la première maison de la carte du ciel, dont le signe naturel dominant est le Bélier. La première maison traite principalement du moi: elle gouverne l'apparence, la constitution physique, le tempérament et aussi, du moins selon certains astrologues, la position sociale et la célébrité. Les rides du front se lisent donc comme on lirait les planètes de la première maison, ce qui explique pourquoi un front dénué de rides est symbolique d'une personne sans force de caractère ni personnalité. Ainsi, chaque ride ajoute à la personne dont elle décore le front les traits associés à la planète qui les domine, raffinant le caractère et lui donnant plus de profondeur.

Toutefois, il ne faut pas croire que plus la personne a de rides, meilleure elle est, car une fois que les rides frontales atteignent un certain nombre, les influences planétaires se nuisent les unes aux autres et ont donc un effet négatif. C'est pourquoi Edmund Waller, dont le front était «plein de rides» a été décrit par Aubrey comme étant «susceptible d'être colérique». En fait, il est préférable d'avoir trois longues rides bien définies et sans brisure. Si l'on en a cinq, six ou, pis encore, sept, cela indique que l'on aura plus de problèmes que de chance. En fait, une personne qui a sept rides est habituellement pauvre, ignorante et solitaire. Toutefois, à l'autre extrême, une seule ride longue, sans brisure et bien définie est un signe plus positif que deux ou trois rides floues, courtes ou brisées. C'est pourquoi Clark Gable, dont le front était orné de deux rides bien définies (illustration 52) est devenu une grande vedette du cinéma.

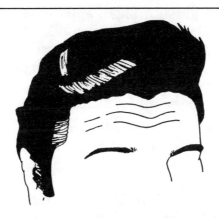
Illustration 75: Rides frontales placées haut sur le front.

Il n'est pas toujours facile de dire quelle ride frontale est dominée par quelle planète, mais si une ride traverse le front à mi-chemin entre les sourcils et la naissance des cheveux, on peut l'associer en toute confiance au Soleil. Une telle ride indique que la personne subit une forte influence solaire qui, à moins d'être grandement modifiée par d'autres influences planétaires, produira des cheveux blonds, un physique robuste, une bonne santé, une attitude optimiste et une grande énergie. Les rides situées au-dessus de la ride du milieu du front sont dominées respectivement par Mars, Jupiter et Saturne, et celles qui sont situées en dessous de la ride du milieu du front sont dominées par Vénus, Mercure et la Lune.

Le front célèbre de l'illustration 75 a trois rides chanceuses placées très haut sur le front. Toutefois, alors que la plus basse de ces rides peut être identifiée au Soleil et que celle qui est la plus proche de la naissance des cheveux peut être identifiée à Saturne, il est difficile de dire si celle du milieu est identifiée à Mars ou à Jupiter. Toutefois, parce que Presley a détruit sa santé en mangeant trop et en faisant usage de la drogue, et parce que Jupiter est la planète des excès, on peut associer la ride du milieu à Jupiter.

Le front de l'illustration 76 appartient à l'acteur britannique John Thaw. La ride profonde mais brisée et errante située un peu en dessous du milieu du front est dominée par Vénus. Vénus est la planète de la danse, du théâtre et d'autres formes d'art du spectacle et gouverne les talents d'une personne pour ces choses.

Le troisième front, appartenant au célèbre écrivain Roald Dahl, arbore toute la gamme des rides inférieures (illustration 77). La ride complète la plus basse est dominée par Mercure, qui gouverne les pensées créatrices, l'écriture et la communication en général, et on la voit régulièrement sur le front des personnes qui vivent de leurs écrits. La ride complète située au-dessus est dominée par Vénus.

Ce front présente une variation de la ride inférieure ou ride gouvernée par la Lune. Lorsqu'elle est divisée en deux, comme c'est le cas ici, la moitié située au-dessus de l'oeil gauche est attribuée spécifiquement à la Lune, alors que celle qui est située au-dessus de l'oeil droit est considérée comme gouvernée par le Soleil, tel qu'illustré dans le diagramme ancien (illustration 78).

Les rides du front ont une signification positive lorsqu'elles sont longues et continues, de bonne teinte et dénuées de verrues ou de grains de beauté. Elles devraient

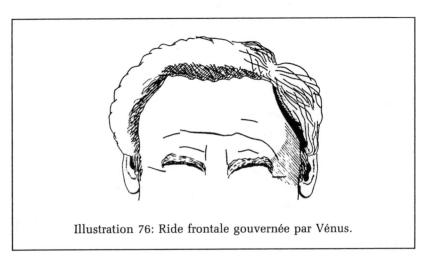

Illustration 76: Ride frontale gouvernée par Vénus.

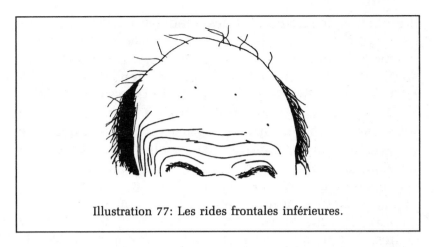

Illustration 77: Les rides frontales inférieures.

également avoir une forme sinueuse symétrique, courbant légèrement au milieu, vers le nez (illustration 75). Dans ce cas, la ride lunaire inférieure dénote une bonne intuition, une sensibilité artistique, l'amour de la poésie et de la mer et la chance en regard des liquides; la seconde ride, celle de Mercure, révèle des processus intellectuels rapides, l'éloquence, un talent pour l'écriture et le sens des affaires; la troisième ride, gouvernée par Vénus, indique l'amour du plaisir et des bonnes choses de la vie, une

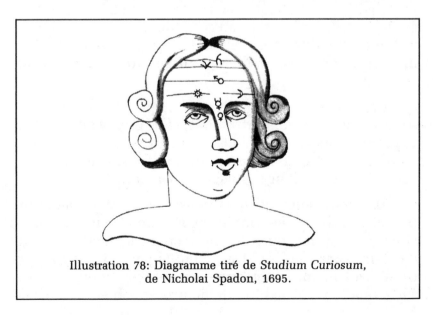

Illustration 78: Diagramme tiré de *Studium Curiosum*, de Nicholai Spadon, 1695.

135

bonne voix de chanteur et des talents musicaux, l'aisance des manières et un talent pour acheter et vendre; la quatrième ride, gouvernée par le Soleil, signifie la fierté personnelle, des manières et un comportement dignes, le désir du pouvoir et du prestige et le respect de la loi et de l'ordre; la cinquième ride, celle de Mars, est le signe d'un tempérament impulsif, égoïste et agressif, des traits qui engendrent des conflits avec les autres. Mais cette ride révèle aussi beaucoup d'énergie, de courage et d'endurance, de même qu'un esprit de pionnier; la sixième ride, qui appartient à Jupiter, dénote de la gourmandise, des convictions religieuses profondes, l'acquisition de la richesse, mais aussi la générosité et l'amour du savoir; enfin, la septième ride, ou ride saturnienne, est symbolique d'un certain pessimisme, d'un talent pour les langues étrangères, d'un intérêt pour l'agriculture et l'exploitation minière et d'un désir de solitude.

Lorsque les rides du front sont courtes, ou fines et irrégulières, ou qu'elles présentent toute autre difformité, elles indiquent l'expression négative des traits ou des qualités qui leur sont associés. Ainsi, une personne qui, par exemple, a une ride mercurienne brisée, et qui possède donc un talent pour les mots, se servira peut-être de son éloquence pour dénigrer les autres; elle deviendra peut-être critique littéraire. Des rides faibles indiquent également une santé chancelante, de l'angoisse et des difficultés de concentration.

Cardano a également dit que lorsque les rides du front sont sinueuses à leurs extrémités, elles présagent de longs voyages en mer; si les rides courbent vers le bas à leurs extrémités, de longs voyages sur terre; et si elles courbent vers le haut, de longs voyages par avion!

Des rides hautes et bien formées dénotent que leur propriétaire réalisera ses ambitions tôt dans la vie; des rides situées au milieu du front promettent le succès à l'âge moyen; et des rides qui traversent la partie inférieure du front révèlent que la personne réalisera ses ambitions à un âge avancé. Il est habituellement préférable d'avoir des rides bien définies, continues et qui traversent la partie inférieure du front plutôt que la partie supérieure. Le succès obtenu à un jeune âge est rarement bénéfique, surtout s'il est considérable, car il risque de jeter une ombre sur le reste de la vie.

Chapitre 8
LES SOURCILS

La personne née sous le signe du Bélier a deux grosses bosses à la base du front, comme on en voit sur le front des béliers. Ses sourcils sont bien arqués et se joignent souvent au milieu pour former l'hiéroglyphe du symbole du Bélier. Ses yeux sont plutôt espacés. Elle a un maintien fier, mais sa tête est toujours un peu inclinée car elle est toujours prête à foncer.

Tiré de *Alexander The God*, de Maurice Druon.

Selon les Chinois, les sourcils sont l'une des «cinq caractéristiques vitales» du visage, ce qui, en soi, témoigne de leur importance. En fait, aucun visage ne peut être lu de la bonne façon si l'on n'accorde pas aux sourcils toute l'attention qui leur est due.

Les sourcils constituent la frontière entre la zone supérieure et la zone médiane du visage, n'appartenant entièrement ni à l'une ni à l'autre, mais appartenant plutôt à chacune, partiellement. Cela leur confère une certaine intangibilité, ce pourquoi il est difficile pour la personne inexpérimentée de les interpréter.

Les bouddhistes croient que les sourcils ont été créés pour empêcher la sueur de couler dans les yeux; ils sont donc utilitaires et protecteurs. Par conséquent, ils devraient être suffisamment longs et épais pour remplir cette fonction, ce qui suggère immédiatement que les personnes dont les sourcils sont trop courts ou trop minces sont déficientes en ce sens et, dans une certaine mesure, en ce qui a trait aux caractéristiques personnelles symbolisées par les sourcils. Par contre, les sourcils ne devraient être ni trop épais, ni trop rapprochés, ni, pis encore, se joindre au milieu pour former une barrière entre la zone supérieure et la zone du milieu.

Une telle barrière signifie, en effet, que les qualités mentales représentées par la zone supérieure sont séparées des qualités plus humaines de la zone du milieu, révélant donc un manque de conscience. En fait, des sourcils épais trahissent un ego puissant. Ils symbolisent la personne qui veut avancer dans la vie et faire sa marque sur le monde, et qui ne laisse rien ni personne entraver son chemin. C'est pourquoi avec ceux qui deviennent des chefs ont souvent des sourcils épais.

Vos sourcils symbolisent votre type émotionnel et la mesure de compréhension qui existe entre votre tête et votre coeur. À cet égard, ils indiquent dans quelle mesure vous vous entendez avec les autres, surtout avec ceux qui vous entourent. Ils servent également, comme vos oreilles et votre front, de guide quant à vos capacités intellectuelles. Et en ce qui concerne l'avenir, vos sourcils symbolisent le destin qui vous attend entre 30 et 33 ans.

Illustration 79: Joan Blondell:
des sourcils presque parfaits.

Idéalement, vos sourcils devraient être proportionnés au reste de votre visage. Par conséquent, ils ne devraient être ni trop proéminents, ni trop petits. Au mieux, ils devraient former un arc délicatement arrondi au-dessus de chaque oeil, s'épaississant légèrement au-dessus du coin intérieur de l'oeil et devenant graduellement plus mince vers l'extrémité extérieure. Ils devraient être de la même couleur que vos cheveux, car les sourcils qui sont plus foncés ou plus pâles que la couleur naturelle des cheveux nuisent à l'harmonie du visage. Les poils des sourcils eux-mêmes devraient suivre l'axe des sourcils et pointer en direction opposée à la ligne médiane du visage. Ce n'est pas un bon signe lorsque les poils sont touffus ou de longueurs inégales. Et les sourcils devraient être bien définis, continus, sans inégalités.

Joan Blondell (illustration 79), actrice de cinéma et, pendant un certain temps, épouse de Dick Powell, avait une paire de sourcils presque parfaits. Le lecteur remarquera que ses sourcils étaient plus longs que la largeur de ses yeux, sans être trop longs, un trait qui révèle une intelligence supérieure à la moyenne. Ils sont légèrement plus foncés que ses cheveux, un trait négatif, bien que cela soit probablement attribuable au fait qu'elle se teignait en blonde, pratique qui était aussi populaire au cours des années 1930 qu'elle l'est aujourd'hui.

Joan Blondell a tourné son premier film, *Sinners' Holiday*, en 1930, aux côtés de James Cagney, et elle est rapidement devenue une vedette. Elle a divorcé d'avec Powell en 1945 et, deux ans plus tard, elle a épousé l'imprésario Mike Todd.

Les deux visages célèbres (illustration 80) présentent certaines caractéristiques intéressantes, notamment le contraste entre leurs sourcils. Les sourcils de Muhammad Ali sont pleins, sans être trop proéminents, alors que ceux de Frank Sinatra, trop petits, sont disproportionnés par rapport au reste de son visage.

Les sourcils d'Ali sont bien définis et ont la même couleur foncée que ses cheveux. Ils sont longs, plus longs que la largeur de ses yeux. Et bien qu'ils ne soient pas aussi courbés qu'ils devraient l'être, ni parfaitement symétriques (celui de gauche est un peu plus mince que celui de droite), ils sont quand même d'un type supérieur. De tels sourcils révèlent qu'Ali est plus intelligent que ne le suggèrent son front, qui n'est pas particulièrement haut, et ses oreilles basses; qu'il a des relations passablement bonnes avec les autres et que le début de la trentaine était probablement les meilleures années de sa vie.

Par contre, les sourcils de Frank Sinatra sont plus courts que la largeur de ses yeux, droits au lieu d'être arrondis et d'une couleur différente de celle de ses cheveux. Ils indiquent qu'il n'a pas des relations personnelles très chaleureuses et qu'il est plutôt solitaire. Et alors que ses grandes oreilles hautes et son front large indiquent un quotient intellectuel élevé, ses sourcils courts indiquent que cette évaluation doit nécessairement être réduite. En outre, ses sourcils révèlent qu'il a traversé une période très difficile au début de la trentaine, qui aurait été pour lui les pires années de sa vie.

Le lecteur remarquera que les deux hommes ont des visages déséquilibrés, car leurs trois zones faciales ont des hauteurs différentes. Tous deux ont une zone inférieure haute et une zone supérieure plus courte, et leur zone du

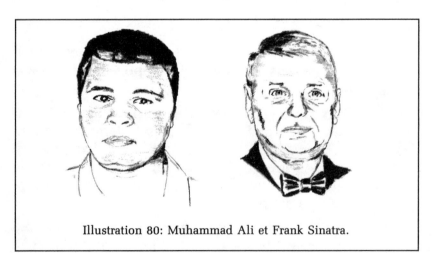

Illustration 80: Muhammad Ali et Frank Sinatra.

milieu est la plus courte des trois. Par conséquent, ni l'un ni l'autre des deux hommes n'est parfaitement intègre sur le plan physique.

L'illustration de Junzo Okudairo (illustration 5) nous donne un exemple de sourcils à forme négative. Ils sont dénivelés, ils n'égalent ni ne surpassent la largeur des yeux, leur épaisseur n'est pas uniforme et ils sont touffus. Dans leur ensemble, ils suggèrent un homme déséquilibré et dangereux.

Lorsque les sourcils ont la forme d'un boomerang, s'élevant pour former une pointe au milieu plutôt qu'une courbe (illustration 81), ils symbolisent l'indépendance et la force de volonté et donc une personne qui aime faire les choses à sa façon et qui veut réussir. Ces qualités sont plus prononcées si l'angle du V inversé est plus aigu et plus haut. Cette forme était appelée autrefois «la pointe de Rubens», d'après l'artiste, qui possédait de tels sourcils, et l'on croyait qu'ils indiqueraient une aptitude pour les mélanges de couleurs.

Des sourcils bas, qui semblent écraser les yeux (illustration 82), sont un signe négatif, symbolisant une nature

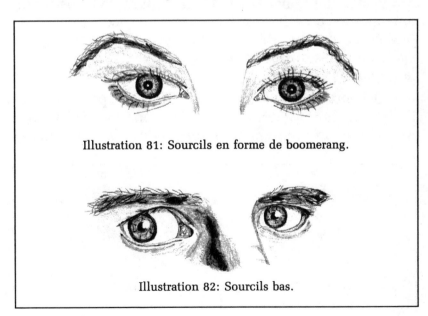

Illustration 81: Sourcils en forme de boomerang.

Illustration 82: Sourcils bas.

Illustration 83: Sourcils hauts.

anormalement prudente et calculatrice, et un esprit plein d'hésitation et d'insécurité. Une telle absence de flair et une telle crainte du risque signifient que la personne n'atteindra ses buts qu'à un âge avancé, sinon jamais.

Par contre, des sourcils très hauts sont symboliques d'une attitude nonchalante et irresponsable (illustration 83) qui, bien qu'elle entraîne parfois un succès hâtif (mais seulement si les oreilles et le front sont bien formés), crée également des difficultés et occasionne des déceptions à la personne concernée.

Des sourcils droits sont indicatifs d'une personne pratique, franche et plutôt dénuée d'imagination (illustration 84a). Ce genre de personne aime s'en tenir aux faits et

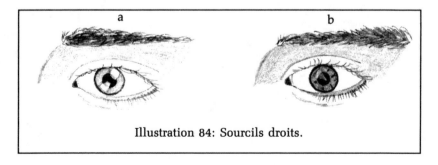

Illustration 84: Sourcils droits.

accomplir son travail, mais elle peut toutefois être désagréable si on la dérange ou si on lui demande de changer sa façon de faire. Lorsque des sourcils droits sont plus épais à leur extrémité extérieure (illustration 84b), ils révèlent une personne sévère, décisive, un bon chef qui mène à terme les projets qu'on lui confie. Cependant, ces personnes peuvent être des ennemis dangereux car elles n'ont de répit que lorsqu'elles ont surmonté l'opposition.

Des sourcils qui courbent vers le haut à partir du centre du visage, donnant à l'individu un air diabolique (illustration 85), signifient que la personne est égoïste et égocentrique, qu'elle tient à mener les choses à sa guise

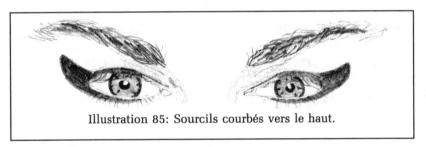

Illustration 85: Sourcils courbés vers le haut.

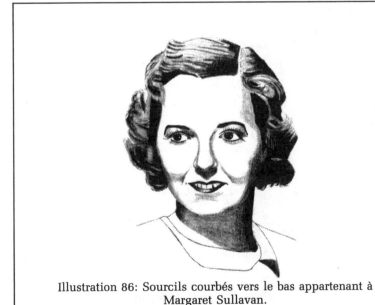

Illustration 86: Sourcils courbés vers le bas appartenant à Margaret Sullavan.

et qu'elle croit avoir toujours raison. Elle peut aller loin dans la vie lorsque sa confiance en elle-même est justifiée mais, trop souvent, elle ne remplit pas ses promesses et blesse les autres par son mépris, sa colère, ses promesses brisées et son pur entêtement.

Lorsque les sourcils devient carrément vers le bas à leur extrémité extérieure (illustration 86), ils révèlent une personne timide et pas très compétente, qui craint le monde et manque de confiance, si bien qu'il lui est très difficile de réussir.

Ces principales formes de sourcils sont modifiées, dans une certaine mesure, par leur épaisseur et par la direction des poils. Des sourcils épais et touffus (illustration 87) révèlent une personne susceptible et agressive; ces traits déplaisants s'accentuent si, en plus, les poils poussent dans des directions différentes. Cesare Lombroso a remarqué que les sourcils de nombreux criminels, notamment de violeurs et de meurtriers, sont touffus.

Des poils de sourcils qui poussent vers le haut (illustration 88) indiquent une personne courageuse et résolue, toujours prête à relever des défis. Elle fera son propre chemin dans la vie et ne se laissera pas décourager par les échecs. Toutefois, il lui est difficile de mener une vie rangée car elle s'en lasse rapidement.

Lorsque les poils des sourcils poussent vers le bas, ils révèlent un manque d'énergie et de confiance, donc une personne faible. Ces personnes se laissent écraser et

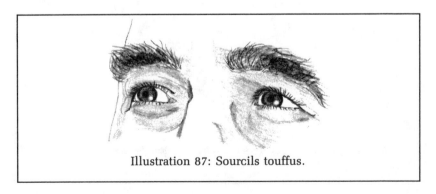

Illustration 87: Sourcils touffus.

se découragent facilement, ce pourquoi elles jouent souvent les seconds violons dans la vie.

Des sourcils très minces sont un signe d'absence d'éclat intérieur et de détermination, bien que ces qualités ne soient pas totalement absentes si l'arcade sourcilière elle-même est proéminente. Toutefois, les personnes qui ont des sourcils minces ont tendance à mener une vie errante, sans direction ni but. Celles qui atteignent le succès sont habituellement guidées par une personne qui assume la responsabilité de leurs affaires.

Il faut toujours garder à l'esprit que bien des gens, surtout les femmes, épilent leurs sourcils, ce qui modifie leur forme et leur texture naturelles et empêche donc de les évaluer avec justesse. Des sourcils ainsi modifiés ne changent pas la nature de la femme (ou de l'homme); ils ne font que mentir aux autres à son sujet.

Illustration 88: Sourcils poussant vers le haut.

Chapitre 9
LES YEUX

C'est devenu cliché que de dire que les yeux sont le miroir de l'âme, mais il est certes vrai que leur forme, leur éclat, leur couleur et leur façon de bouger offrent une mine d'informations quant au for intérieur de la personne.

Les yeux sont, bien sûr, un des organes des sens. Ils nous donnent le pouvoir visuel. Chaque oeil est une capsule sphérique remplie d'humeurs, logée dans une orbite du crâne et que des muscles font bouger. La lumière est reçue par le biais d'une ouverture circulaire, la pupille, qui forme un point noir à l'avant de l'oeil. La pupille est entourée d'un halo pigmenté, l'iris, qui est de couleur brune chez la plupart des races du monde, alors que, chez les Européens, sa couleur varie entre brun foncé et bleu pâle. Le reste de la partie visible de l'avant de l'oeil est habituellement appelé le blanc des yeux et devrait être

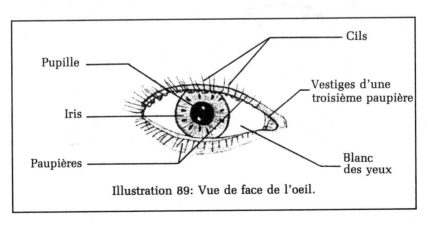

Illustration 89: Vue de face de l'oeil.

exactement de cette couleur. Les yeux peuvent être fermés et donc protégés par les paupières, aidés à cet égard par les poils courts dont ils sont ornés, les cils. La surface de l'oeil est gardée humide par les larmes, un liquide antiseptique spécial qui leur donne de l'éclat (illustration 89).

Les yeux devraient être proportionnés au reste du visage. Ils ne devraient donc être ni trop grands, ni trop petits, ni trop protubérants, ni trop enfoncés. Ils devraient être à la même hauteur et horizontaux et ne pencher ni vers le bas ni vers le haut. Lorsque les yeux sont détendus et regardent droit devant eux, les iris devraient être couverts partiellement par les paupières supérieure et inférieure, de sorte qu'on ne voit le blanc des yeux ni au-dessus ni en dessous. On ne devrait pas pouvoir voir les vaisseaux sanguins du blanc des yeux et ce dernier ne devrait être ni décoloré ni taché. Les yeux qui présentent toutes ces caractéristiques positives sont symboliques d'une personne honnête, fiable et assurée, susceptible d'avoir une vie heureuse et de réaliser un grand nombre de ses objectifs. Ils indiquent la sérénité intérieure, source du bonheur.

Toutefois, la caractéristique des yeux la plus importante est leur éclat. Cette caractéristique unique, que certains disent magique, est produite par l'interaction des larmes et de la lumière à la surface des yeux, qui non seu-

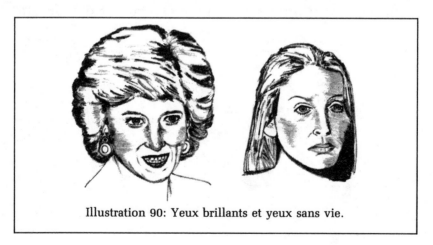

Illustration 90: Yeux brillants et yeux sans vie.

lement rend ces derniers vivants, mais qui mesure aussi l'éclat intérieur de leur propriétaire. Des yeux brillants et pleins de vie appartiennent à une personne brillante et pleine de vie, alors que des yeux ternes et sans vie appartiennent à une personne qui est non seulement fatiguée et découragée, mais aussi dénuée de spiritualité. La différence entre ces deux types d'yeux est illustrée par les deux croquis de la page précédente (illustration 90). Les yeux de la princesse Diana ont un vibrant éclat, alors que ceux de Bo Derek n'ont aucune vie.

Combinés à un regard direct et pénétrant, les yeux brillants sont considérés autoritaires. Ils ont un regard qui est le propre des personnes appelées à atteindre une position de pouvoir et d'autorité. Les personnes qui n'ont pas des yeux autoritaires ne peuvent s'attendre à atteindre un statut supérieur, peu importe la qualité de leurs autres caractéristiques faciales.

Suétone nous dit que Jules César avait «des yeux brun foncé et perçants» et que son successeur, Auguste, avait «des yeux clairs et brillants, et il aimait croire qu'ils brillaient d'une espèce de flamme divine; cela lui plaisait énormément lorsqu'une personne à qui il jetait un regard baissait la tête, comme aveuglée par le soleil». Et Plutarque a écrit qu'Alexandre le Grand avait une certaine «vivacité de l'oeil, qui poussait un grand nombre de ses amis et de ses successeurs à chercher à l'imiter». Le lecteur intéressé à observer les yeux autoritaires d'un chef contemporain n'a pas meilleur exemple que celui de Margaret Thatcher, dont le regard direct, brillant et pénétrant pourrait apaiser un lion turbulent.

Des yeux brillants qui n'ont pas un regard soutenu ne sont pas autoritaires mais si leur propriétaire a des traits positifs, forts et équilibrés, il réussira peut-être dans des domaines tels que les arts et le spectacle, l'administration gouvernementale et l'enseignement universitaire. Sir John Denham, poète, dramaturge et diplomate du XVIIe siècle, était un homme de ce genre. John Aubrey nous dit que «ses yeux étaient gris pâle, pas très grands; mais ils étaient étrangement perçants, pas au sens de l'éclat et de la gloire, mais (comme un Momus) lorsqu'il vous parlait, il donnait l'impression de lire jusque dans vos pensées». Il souligne également que le philosophe Thomas Hobbes «avait bon oeil, couleur noisette, plein d'esprit et de vie, jusqu'à sa mort. Lorsqu'il s'enflammait durant un discours, ses yeux brillaient comme s'il brûlait d'un véritable feu intérieur».

Les personnes qui n'ont pas des yeux brillants non seulement ne parviennent pas à les maîtriser complètement mais ont aussi des traits déséquilibrés mais forts. Elles manquent donc de patience et de persévérance, qualités indispensables, sans lesquelles le succès est difficile à atteindre, même si elles possèdent beaucoup d'énergie et qu'elles sont animées du désir de faire quelque chose de leur vie. Leurs déceptions et leurs échecs donnent lieu à la frustration et à la colère, qui nuisent toutes deux à l'harmonie de leur foyer et les prédisposent aux ulcères et à d'autres troubles reliés au stress.

Les personnes qui ont des yeux brillants mais qui sont incapables de maîtriser leur regard et qui ont des traits faibles et disproportionnés ont rarement beaucoup de succès. Leur énergie est mal dirigée ou gaspillée pour des choses sans importance, de sorte qu'elles s'attirent le mépris et l'indifférence des autres, bien qu'elles soient souvent satisfaites de ce qu'elles ont accompli.

Les yeux prédisent ce qui attend leur propriétaire entre 34 et 39 ans. Ainsi, si vos yeux sont brillants, s'ils ont un regard assuré et s'ils présentent les autres caractéristiques positives décrites au troisième paragraphe de ce chapitre, alors cette période de vie sera (ou était) chanceuse pour vous. Vous pouvez vous attendre à être heureux et en santé et à avancer dans votre travail ou votre carrière.

Toutefois, si vos yeux présentent une ou plusieurs des caractéristiques négatives, la période entre 34 et 39 ans ne vous sera pas favorable. Par exemple, des blancs d'yeux jaunâtres ou tachés sont le présage d'une défaillance de la santé et de l'angoisse qui l'accompagne. Les Chinois affirment également qu'une tache dans le blanc des yeux

Illustration 91: Yeux de loup: les iris sont trop hauts.

révèle une tendance à mal administrer son argent et la possibilité de tout perdre. La présence de vaisseaux sanguins dans le blanc des yeux est aussi mauvais signe. Ils symbolisent le trouble mental, le déséquilibre des processus intellectuels et, possiblement, une tendance à la violence.

Des iris trop hauts, laissant paraître le blanc des yeux en dessous (illustration 91), sont la preuve d'un for intérieur instable, négatif et spirituellement déséquilibré, celui d'une personne susceptible d'être un danger pour elle-même et pour les autres. Il faut traiter ces personnes avec prudence et méfiance. C'est pourquoi les Chinois appellent ce genre d'yeux des yeux de loup (illustration 91b).

Illustration 91b: William Powell.

Illustration 92: Adolf Hitler.

La jeune femme qui apparaît à l'illustration 91 est doublement malchanceuse car, en plus d'avoir des iris trop hauts, le blanc de ses yeux présente des vaisseaux sanguins visibles et ses sourcils sont trop bas. Ces traits révèlent qu'elle est extrêmement troublée et malheureuse et indiquent qu'elle est susceptible d'avoir des problèmes majeurs au début de la trentaine.

On a parfois dit qu'Adolf Hitler n'avait pas le visage d'un fou ni d'un criminel, mais le lecteur perceptif ne devrait pas avoir de difficulté à relever certains traits très négatifs dans le croquis de son visage (illustration 92).

Toutefois, Hitler avait, en un sens, des yeux bleus très remarquables qui brillaient d'un éclat presque hypnotique, comme l'ont souligné un grand nombre de personnes qui l'ont rencontré. Cependant, cela ne devrait pas nous étonner, puisqu'il est devenu le chef des Allemands et qu'il possédait donc les ressources intérieures qui lui ont permis d'atteindre une aussi importante position. Toutefois, même si ses yeux étaient autoritaires, leur iris était trop haut, laissant voir le blanc en dessous. Ce trait, à lui seul, témoignait de son déséquilibre intérieur et de ses émotions troubles, qui allaient trouver leur expression perverse dans les doctrines du nazisme.

Des iris flottants représentent également une période difficile entre les âges de 34 et 39 ans. Adolf Hitler est né en 1889 et a atteint l'âge de 34 ans en 1923, année où il a engagé impétueusement un parti nazi inexpérimenté dans une «conquête de Berlin» révolutionnaire, qui a été brisée par la police, qui a tué de coups de feu plusieurs de ses adeptes et qui l'a mis sous arrêt. Hitler a été emprisonné pendant neuf mois, au cours desquels il en profita pour écrire *Mein Kampf*, qui est devenu *la* bible des nazis. En fait, les cinq ans qui ont suivi ont été difficiles pour Hitler et pour le parti nazi, qui était formé de plusieurs partis politiques qui se faisaient concurrence en Allemagne de l'Est, et qui avait essuyé un cuisant échec aux élections de 1928, alors que Hitler avait 39 ans. Toutefois, les quelques années qui ont suivi ont été plus favorables aux nazis. Ils ont remporté plusieurs victoires électorales en 1930, et encore davantage en 1932. L'année suivante, Hitler a évincé ses rivaux du parti et il a remporté une victoire électorale en 1934, devenant dictateur à l'âge de 45 ans. Ces dernières années sont symbolisées sur le visage d'Hitler par son nez, son meilleur trait facial, au moment où il a atteint l'apogée de son succès.

Les iris peuvent parfois être trop bas, de sorte que l'on voit le blanc des yeux au-dessus (illustration 93). C'est une formation rare mais très négative. Elle révèle une nature cruelle et perverse, appartenant à une personne qui prend plaisir à faire du mal, physiquement et émotionnellement. Les personnes qui ont ce genre d'yeux, comme celles qui présentent le type précédent, sont susceptibles de mourir relativement jeunes et souvent violemment, mais s'il leur arrivait de vivre jusqu'à un âge avancé, elles seraient solitaires et malheureuses.

Plus courants sont les yeux tellement protubérants qu'on peut voir à la fois le blanc au-dessus et en dessous des iris (illustration 94). Cet état, connu médicalement sous le nom d'exophtalmie, est un symptôme d'hyperthyroïdisme ou hyperactivité de la glande thyroïde, qui produit un caractère nerveux et exalté, accompagné d'un tempérament et d'un comportement violents.

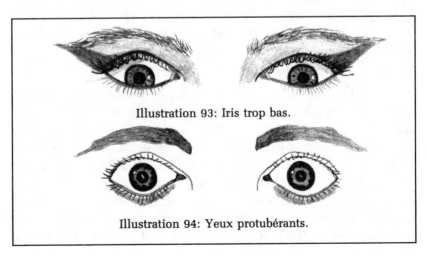

Illustration 93: Iris trop bas.

Illustration 94: Yeux protubérants.

On trouve un tempérament et un comportement comparables, bien que moins accentués, chez les personnes qui ont des yeux protubérants mais qui ne souffrent pas de dysfonctionnement des glandes endocrines. Ces personnes expriment habituellement leur colère en recourant au sarcasme. Elles sont aussi lascives et jalouses et seront donc portées à tromper leur partenaire et à l'accuser d'infidélité. Il n'est donc pas surprenant qu'elles aient souvent une vieillesse solitaire et malheureuse.

Les yeux qui sont séparés par un espace équivalent à leur largeur symbolisent un bon équilibre des qualités qu'ils représentent. Lorsqu'ils sont plus distancés, ils révèlent une réduction de la rapidité et de l'agilité mentales, proportionnelle à l'espacement. Ainsi, lorsque les yeux sont très distancés, ils suggèrent un esprit déficient, même la stupidité.

Des yeux plus rapprochés que l'équivalent de leur largeur sont le signe d'un esprit étroit et d'une nature soupçonneuse. Leurs propriétaires manquent de chaleur et ont tendance à donner la priorité à leurs propres besoins et préoccupations, ce pourquoi on ne peut leur faire confiance et ils ont très peu d'amis intimes.

Si vos yeux sont grands, sans être si larges qu'ils nuisent à l'équilibre de votre visage, vous êtes direct et aventureux, responsable et autoritaire. En fait, ceux qui occupent des postes importants dans l'industrie, le commerce et la politique ont souvent de grands yeux. Vous possédez peut-être également des talents artistiques supérieurs à la moyenne.

Par contre, si vos yeux sont petits, vous êtes moins extraverti et plus prudent et vous préférez penser plutôt qu'agir. Vous préférez travailler seul plutôt qu'avec d'autres personnes et vous aimez les tâches qui représentent un défi. Vous pourriez exceller comme chercheur, analyste ou théoricien, bien que votre entêtement naturel vous empêche parfois d'explorer des voies différentes et plus productives. Toutefois, les femmes qui ont de petits yeux ont tendance à être des mégères et des femmes dominatrices, tout en faisant preuve d'une grande loyauté envers leur époux et leur famille.

La couleur des yeux est attribuable à un pigment appelé mélanine. Plus il y a de mélanine dans l'iris, plus les yeux sont foncés et bruns, alors que des quantités de mélanine de moins en moins importantes résultent en couleurs plus pâles: gris, vert et bleu. Lorsqu'il n'y a pas de mélanine du tout dans les iris, ce qui se produit chez les albinos, les yeux sont roses.

Les yeux bruns sont traditionnellement associés à des personnes chaleureuses, ouvertes, extraverties et excitables. Toutefois, il faut faire attention avant de tirer cette conclusion car les personnes qui ont des yeux bruns, la grande majorité de la race humaine, sont loin de toutes avoir ces qualités. Ainsi, bien que des yeux bruns suggèrent la présence de ces qualités, ils doivent être jugés ou évalués en tenant compte du reste du visage. Il est vrai toutefois que les gens qui ont les yeux bruns sont moins sensibles à la douleur que ceux qui ont les yeux pâles.

Les yeux noisette sont aussi le propre de personnes chaleureuses, mais cette qualité est combinée avec une vigueur intellectuelle plus grande que celle des personnes aux yeux bruns. Aubrey nous dit que le philosophe Thomas Hobbes «avait bon oeil, couleur de noisette», et que Francis Bacon «avait des yeux brillants, de la couleur délicate des noisettes». Les personnes aux yeux noisette sont moins excitables que leurs compatriotes aux yeux bruns, ce qui leur permet de composer plus facilement avec l'imprévu.

Les yeux bleus vont du saphir profond à la pâleur délavée courante chez les vedettes de cinéma américaines, en passant par l'azur et l'aigue-marine. La maxime, en ce qui concerne les yeux bleus, est la suivante: plus la couleur est pâle, moins la personne a de passion et de compassion. En général, des yeux bleus signifient une personnalité plus calme, plus tranquille et plus intravertie que celle des personnes aux yeux bruns, ce qui sous-entend des valeurs plus conservatrices et une préférence pour le statu quo. Toutefois, les personnes qui ont des yeux bleu foncé sont plus chaleureuses que celles aux yeux bleu pâle, qui sont très froides et calculatrices. Et alors que les yeux bleus plus foncés appartiennent à des personnes naturellement paisibles, c'est la triste vérité que les violeurs et les meurtriers ont souvent des yeux bleu pâle. James Hanratty, le meurtrier A6, se distinguait par «ses yeux bleu pâle et fixes», et il en était de même pour Hitler. En outre, nous tenons de Suétone que Néron, l'empereur romain fou qui jouait du violon pendant que Rome brûlait, avait «des yeux bleus et ternes».

On a beaucoup parlé en bien des yeux verts au cours des années, mais j'ai connu très peu de personnes qui avaient des yeux de cette couleur et je ne peux confirmer si ce qu'on en dit est vrai. Les personnes aux yeux verts ont la réputation d'être des individualistes courageux et audacieux, invariablement optimistes, intelligents et inventifs, mais cela me semble des histoires d'Irlandais.

Les yeux gris appartiennent à des personnes émotionnellement refoulées, qui ont besoin de réfléchir longtemps avant de s'engager à quoi que ce soit. Le lecteur se rappelle sans doute que la déesse vierge Athéna, sortie armée de la tête de Zeus, avait des yeux gris «qui brillaient

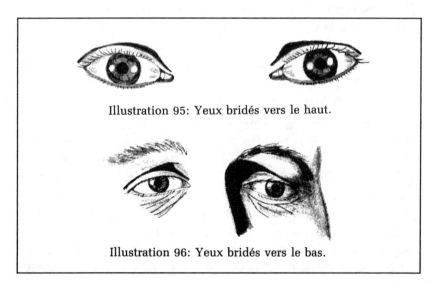

Illustration 95: Yeux bridés vers le haut.

Illustration 96: Yeux bridés vers le bas.

comme des ciels». «Ses yeux sont d'un gris d'oie», a écrit John Aubrey au sujet de Sir William Petty, géomètre et économiste politique, alors qu'Érasme a observé que Sir Thomas More, le célèbre auteur de *Utopia*, avait «des yeux gris bleuté, avec des petites taches ici et là... Son expression correspond à son caractère, toujours plein de charme et de gaieté et il est presque toujours souriant».

Idéalement, les yeux devraient être horizontaux pour ajouter à l'équilibre du visage, bien que ce ne soit pas un signe négatif s'ils sont inclinés vers le haut ou vers le bas, à moins que les autres traits faciaux aient un défaut, dans lequel cas les qualités qu'ils signifient peuvent être utilisées à des fins malhonnêtes. Et, bien sûr, chez les Orientaux, qui ont normalement les yeux bridés vers le haut, seules les personnes dont l'angle des yeux est très prononcé ont les caractéristiques personnelles mentionnées ci-dessous.

Les yeux bridés vers le haut (illustration 95) sont la marque d'une personne fière, pleine d'elle-même, qui croit que le monde est à son service et qui veut tirer le meilleur parti possible de toutes les occasions qui s'offrent à elle. Elle est extravertie, énergique et toujours prête à prendre des risques. Il est facile d'imaginer comment une telle personne pourrait être tentée de s'adonner à des bassesses ou au crime si on lui en donnait l'occasion.

Les yeux bridés vers le bas (illustration 96) ont un air triste; pourtant leurs propriétaires sont loin d'être tristes ou mal assurés. En fait, de tels yeux indiquent la bonté, la générosité, une bonne nature et, donc, une personne dont le plus grand défaut est son empressement naïf à croire toutes les histoires de malchance de ceux qui veulent l'exploiter. Ce genre de personne a le coeur sur la main et jouit habituellement d'un mariage stable et durable.

Les rides qui partent des coins des yeux sont appelées «pattes d'oie». Elles sont habituellement associées à un âge avancé et il est vrai qu'on rencontre rarement une personne âgée qui n'en a pas. Toutefois, alors que quatre rides par oeil peuvent être considérées comme une manifestation gériatrique normale, un nombre de rides plus important est un signe négatif qui suggère la solitude et des problèmes personnels.

Toutefois, les pattes d'oie sont plus significatives lorsqu'elles apparaissent sur le visage d'une personne âgée de moins de 40 ans, car elles sont alors des indicateurs de caractère et de destinée. La présence d'un grand nombre de ces rides symbolise l'indolence et le manque de direction. Une telle personne fait un piètre partenaire conjugal; par conséquent, la discorde conjugale et le divorce sont des possibilités qui rendront malheureux les enfants nés de l'union. Les pattes d'oie qui sont assez longues pour rejoindre les tempes révèlent une nature lascive et aussi un désir de faire de l'argent sans avoir à travailler.

Lorsque les pattes d'oie d'une jeune personne ont quatre rides ou moins, il est important de noter leur direction. Une courbe vers le haut (illustration 97) est très significative et présage la chance et une bonne vie, y compris un mariage heureux.

Par contre, des rides qui courbent vers le bas ont une signification négative (illustration 98). Elles présagent des difficultés professionnelles et financières et un mariage malheureux.

Lorsqu'une ou plusieurs des rides courbent vers le haut et que les autres courbent vers le bas, de sorte qu'elles s'entrecoupent comme un ciseau (illustration 99), elles dénotent une disposition argumentative et le refus de prendre conseil. Elles sont aussi la marque d'une personne plaignarde. Ces traits de caractère créent des problèmes à la personne concernée, surtout en regard de ses relations intimes.

Cesare Lombroso a remarqué que les criminels-nés ont souvent des paupières supérieures qui pendent au milieu, si bien qu'elles leur donnent l'air de s'endormir. Cela confirme ce que les Chinois disent de telles personnes qui, à leur avis, sont égoïstes, calculatrices et froides. Lorsque toute la paupière supérieure pend, formant ce qu'on appelle «des yeux de chambre à coucher», cela révèle, comme on pourrait s'y attendre, la lascivité et un intérêt pour la séduction et les affaires de coeur.

Si les paupières inférieures d'un homme pendent de telle sorte que les bordures intérieures rouges sont exposées, il est impotent; mais si c'est une femme qui a de telles paupières, elle est passionnée et lascive.

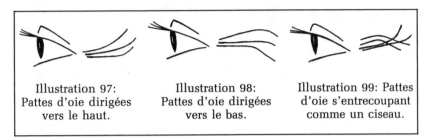

| Illustration 97: Pattes d'oie dirigées vers le haut. | Illustration 98: Pattes d'oie dirigées vers le bas. | Illustration 99: Pattes d'oie s'entrecoupant comme un ciseau. |

Chapitre 10
LE NEZ

Le nez est situé au centre de la zone du milieu du visage et occupe donc l'emplacement le plus important selon les Chinois, le centre, où était situé le palais de l'empereur dans les temps anciens et où se trouve, dans le ciel, l'étoile polaire. Le centre est la «direction» de laquelle découle tout le reste et où tout finit par retourner. C'est pourquoi les astrologues placent le nez sous l'influence du Scorpion, car le Scorpion domine également les organes génitaux, qui nous produisent tous, et donnent à Mars la direction de la narine droite et à Vénus celle de la gauche. Selon le mythe, Vénus était la déesse de l'amour et Mars était son amant. Toutefois, le lien entre le nez et les organes sexuels est plus étroit que ne le suggère la simple tradition astrologique. Les nez longs ont longtemps été associés, du moins chez les hommes, à des parties génitales de dimensions plus grandes que la normale, alors que les petits nez dénotaient des parties génitales plus petites que la normale.

L'importance du nez comme base du visage a été reconnue par Aristote et confirmée par presque tous les physiognomonistes ultérieurs de quelque notoriété. «De tous les traits du visage, écrit le docteur Roger Rogerson, l'organe nasal, étant le plus proéminent, règne comme révélateur de caractère.»

Nous avons déjà établi que la longueur du nez, ou zone du milieu, devrait être égale au front et au tiers inférieur du visage. Une telle division égale du visage symbolise l'équilibre intérieur et donc des qualités telles que l'honnêteté, la loyauté et la franchise, les marques d'un homme bon et d'une femme bonne. Les personnes qui possèdent ainsi un nez équilibré ont des pulsions sexuelles saines, une attitude optimiste et une idée claire d'elle-mêmes et de leurs capacités. Toutefois, ces traits ne sont pleinement développés que si le nez est bien formé et que les autres traits ont aussi une bonne configuration.

Un nez long, c'est-à-dire un nez plus long que la hauteur du front ou que la zone inférieure, révèle un tempérament moins ouvert et un comportement plus froid. En fait, la personne qui a un long nez a tendance à être plutôt hautaine et excessivement fière de ses réalisations, tout en méprisant les personnes qui désirent se perfectionner. Toutefois, la longueur du nez doit être évaluée en tenant compte de sa largeur. Par exemple, un nez large est indicateur de stabilité et de détermination, alors qu'un nez étroit symbolise une disposition plus instable et incertaine. Ainsi, le nez long et étroit appartient au dilettante, souvent intelligent et charmant, mais plutôt éthéré et sans

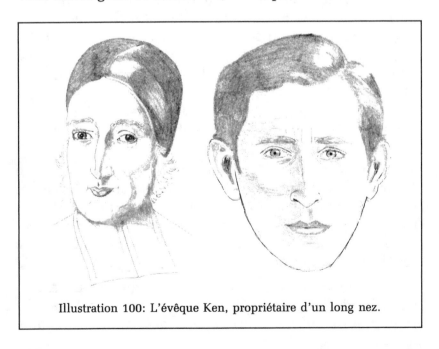

Illustration 100: L'évêque Ken, propriétaire d'un long nez.

substance, alors que le nez long et large appartient à une personne qui a plus de concentration et de persistance, qualités qui l'aident à atteindre le succès. Toutefois, la largeur devrait être concentrée à l'extrémité inférieure du nez et, comme toujours, proportionnelle au reste du visage. Si elle est concentrée à l'extrémité supérieure du nez, elle présage comme nous l'avons déjà mentionné, une mort prématurée. Les nez très longs sont le propre des hommes et des femmes de caractère noble et de ceux qui, comme l'évêque Ken du XIXe siècle, ont des aspirations spirituelles.

Les nez courts (illustration 80), non seulement nuisent à l'équilibre du visage, mais symbolisent un type de personne plus libre, moins responsable et parfois indigne de confiance, qui aime s'amuser. Ces personnes ont tendance à être libertines et n'hésitent pas à faire fi des règles quand c'est nécessaire. Mais, encore une fois, un nez plus large représente des racines émotionnelles plus solides et signifie donc une personne plus stable.

En plus d'avoir une hauteur égale à celles du front et de la zone inférieure du visage, le nez idéal a une arête droite qui ne penche ni d'un côté ni de l'autre, un bout arrondi et charnu, des ailes bien formées et des narines que l'on ne voit pas lorsque le nez est vu de face. L'actrice Norma Shearer (illustration 101) avait un nez presque parfait, bien que je ne sois pas absolument certain qu'il fût entièrement naturel.

Ce nez est appelé généralement un nez grec, bien que ceux que l'on voie sur les pièces de monnaies grecques, en plus d'avoir une arête droite, forment une ligne continue, ou presque, avec le front. Alexandre le Grand (illustration 31) avait un nez grec et, non, il n'était pas Grec mais Macédonien. Elvis Presley (voir illustration 69) avait lui aussi un nez grec. Pourtant, le nez d'Alexandre et le nez d'Elvis étaient imparfaits parce qu'ils étaient trop larges à l'extrémité supérieure, entre les yeux, ce qui indique une mort prématurée. On voit clairement cette largeur anormale lorsqu'on regarde les profils des deux hommes (illustration 102).

Non seulement il symbolise un type de caractère spécifique, mais le nez grec, qui inclut une disposition raffinée, l'amour des arts et de la musique et une autorité naturelle, en plus des traits positifs mentionnés plus haut, fait également état, au mieux, d'une période de la vie réussie entre les âges de 40 et 49 ans, années que représente le nez.

Toutefois, de tels traits de caractère positifs et la possibilité d'un succès considérable à l'âge moyen sont réduits si deux angles nasaux particuliers sont ou trops grands, ou trop petits. L'un de ces angles est celui que forme l'arête du nez, vu de profil, par rapport au visage, et l'autre est celui qui est formé par la base du nez (illustration 103). Idéalement, le premier devrait mesurer 30 degrés et le second, environ 90 degrés, c'est-à-dire, en ce qui concerne le second, que les narines ne sont pas exposées lorsque

Illustration 101: Norma Shearer — le nez idéal.

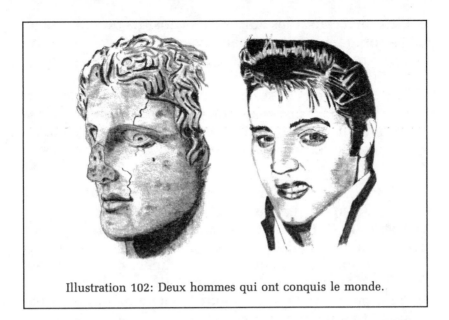

Illustration 102: Deux hommes qui ont conquis le monde.

le visage est vu de face et que le bout du nez ne doit pas courber vers la bouche.

On trouve un tel angle idéal chez Alexander Pope (illustration 50) et chez William Ellis (1795-1872), illustré à la page suivante, ministre du culte qui a consacré sa vie aux missions dans les mers du Sud et à Madagascar (illustration 104). En fait, le lecteur trouvera peut-être utile d'examiner non seulement la forme et les angles du nez

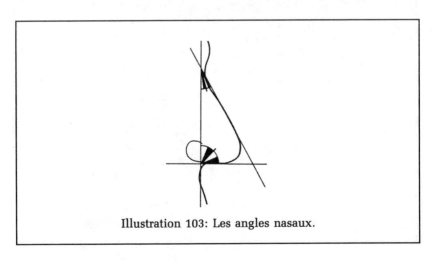

Illustration 103: Les angles nasaux.

d'Ellis, mais aussi les autres traits positifs de son visage, et de comparer son jugement avec ce qui a été dit de lui par un autre religieux, peu après sa mort: «Dieu a donné à M. Ellis une vie noble, noble dans ses buts, dans son esprit, ses actions et ses résultats. Sa noblesse et sa virilité ne pouvaient pas passer inaperçues. S'il y a une chose qui semblait vraiment lui importer, c'était la sainteté du coeur individuel et l'agrandissement du royaume de Jésus-Christ sur terre.»

Lorsque l'angle formé par le nez et le visage se rapproche de 40 degrés, ou les dépasse, le nez paraît pointu (illustration 105) ce qui, par conséquent, signifie une réduction des qualités positives mentionnées ci-haut, de même qu'un changement dans le tempérament, poussant à la fierté excessive, à l'irresponsabilité et à la curiosité, et c'est peut-être la raison pour laquelle on appelle couramment ce nez un nez «fureteur».

Par contre, si le nez est plus plat, si bien que l'angle qu'il forme avec le visage est inférieur à 30 degrés, il

Illustration 104: William Ellis, ministre du culte.

indique un manque de confiance en soi. Non seulement ce genre de personne aura-t-elle besoin de beaucoup d'aide et d'appui pour avancer, mais elle connaîtra peut-être certains échecs dans la quarantaine.

Peu importent sa forme et son angle, l'apparence du nez est influencée par le fait qu'il soit charnu ou non, l'un ou l'autre pouvant, soit améliorer une mauvaise forme, soit gâter une belle forme. Le nez idéal a une bonne couverture de tissu, un bout arrondi, une largeur raisonnable, mais n'a pas d'angles exagérés. Un nez dodu et rond révèle des manières chaleureuses, une attitude optimiste, de bons revenus et, très souvent, le sens des affaires. Très peu de gens au nez mince et dur mènent une vie riche ou heureuse. Donc, un nez décharné est un trait facial négatif, qui suggère une nature froide, angoissée, pessimiste et peu chanceuse.

Un bout du nez retroussé au point où les narines sont visibles de face, formant ce qu'on appelle un nez camus, signifie une personne Roger Bontemps et plutôt irrespon-

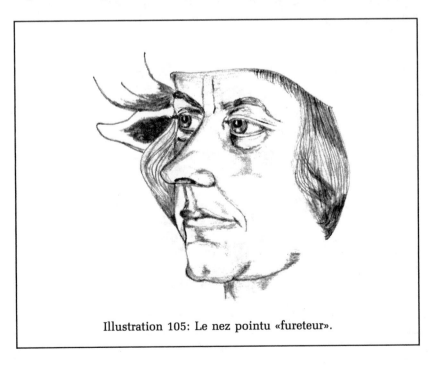

Illustration 105: Le nez pointu «fureteur».

sable, qui a de la difficulté à épargner de l'argent et à joindre les deux bouts. Ces caractéristiques personnelles sont renforcées si l'angle du nez est grand ou si les narines sont grosses. En fait, de grosses narines flagrantes appartiennent aux personnes de moeurs légères, qui détestent le travail et aiment jouer à l'argent, d'où le proverbe italien: «Un nez retroussé est pire que la grêle.»

Un nez dont le bout courbe vers la bouche révèle une personne très sensuelle, dont les besoins à cet égard sont impérieux et persistants. Elle est aussi égoïste, pingre et indigne de confiance. Toutefois, l'importance de ces traits négatifs est directement proportionnelle à l'importance de la courbe vers la bouche et de la «masse» du nez. Une courbe vers le bas modérée, comme celle de Claudius César (illustration 106) peut être considérée positive, si l'on pense aux torts qu'un tel homme aurait pu causer, n'eussent été de sa prudence naturelle et de son mépris pour les excès. Toutefois, «ses sentiments pour les femmes étaient extrêmement passionnés», a écrit Suétone, pour ajouter ensuite «mais les garçons et les hommes le laissaient froid». En fait, Claudius s'est marié quatre fois.

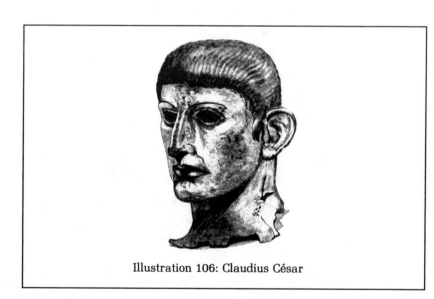

Illustration 106: Claudius César

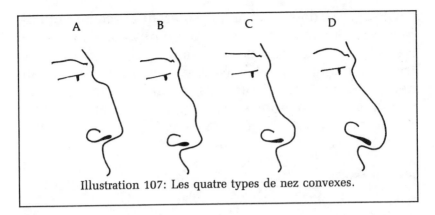

Illustration 107: Les quatre types de nez convexes.

Il a divorcé de ses deux premières épouses, mais a dû exécuter la troisième, Valeria Messaline, une nymphomane qui avait imprudemment commis la bigamie en épousant un de ses amants.

Le lecteur devrait noter particulièrement les oreilles décollées de Claudius, un trait facial qui indique invariablement une enfance troublée, son front court (indépendamment des cheveux brossés vers l'avant) et ses sourcils minces, et considérer le fait que son père, Drusus, est mort à la guerre, quelques mois avant sa naissance et que «presque toute son enfance et sa jeunesse ont été troublées par

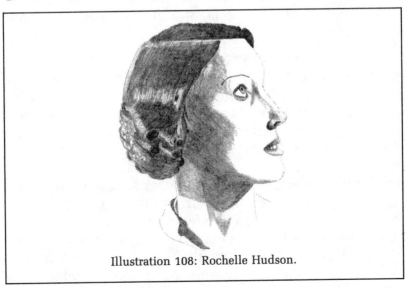

Illustration 108: Rochelle Hudson.

diverses maladies, si bien qu'il a grandi avec une intelligence médiocre et très peu de force physique», et que sa mère l'a souvent rabroué en disant qu'il était «un monstre: un homme auquel la Nature avait travaillé pendant quelque temps, pour finir par le rejeter». Il est également pertinent à notre étude de souligner que Claudius a reçu la pourpre à cinquante ans, l'âge symbolisé par son sillon naso-labial clairement défini et que les années suivantes, au cours desquelles il a gouverné Rome avec succès et conquis l'Angleterre, sont représentées par sa bouche, bien dessinée, et par sa mâchoire forte. Claudius est mort le 13 octobre de l'année 54, à l'âge de 64 ans. Il avait apparemment été empoisonné.

Le nez de Claudius est essentiellement de type grec, bien que l'arête n'ait pas de légère bosse au centre. Cette convexité de l'arête est souvent plus prononcée et, lorsque c'est le cas, le nez prend une forme différente. D'autre part, l'arête est parfois renfoncée, produisant un nez de type concave.

Il y a quatre variations du nez convexe (illustration 107): a) le nez romain classique, à convexité supérieure; b) le nez à convexité médiane, comme celui de Claudius; c) le nez à convexité inférieure, ou bulbeux; et d) le nez à convexité uniforme affectant toute sa longueur, appelé familièrement nez de faucon.

Le nez romain est créé par la proéminence de l'os nasal, qui forme une saillie à laquelle est accroché le cartilage du nez. Cela donne au nez l'apparence d'un bec d'aigle, d'où son appellation de nez «aquilin» (du mot latin *aquila* signifiant aigle). Un tel nez symbolise une grande énergie, la confiance en soi, la fermeté et aussi un esprit rusé. En d'autres termes, c'est le nez de l'attaque, ce qui explique que bien des chefs et autres sommités militaires aient ce genre de nez. L'historien Suétone nous dit, et il n'y a peut-être pas lieu de s'en étonner, que l'empereur Auguste avait «un nez romain»; c'était aussi le cas de Sir Francis Drake, du duc de Wellington, de George Washington, de Henri VII, de Fernando Cortez et de la reine Élizabeth I. «Elle était grande, écrit Thomas Fuller au sujet d'Élizabeth I, elle avait les cheveux pâles, le teint clair, mais un long nez hautain.»

Lorsque le nez a une espèce de bosse au milieu, cette convexité révèle un souci pour les droits et privilèges des autres. Le propriétaire d'un tel nez a la même énergie et le même esprit rusé que son cousin au nez romain, mais il les utilise, non pour dominer et maîtriser, mais pour aider et protéger les moins fortunés. Ainsi, au lieu d'avoir un nez d'attaque, il a un nez de défense. Prenons Claudius comme exemple d'un homme présentant ce genre de nez. Nous apprenons qu'il était

> un juge très consciencieux: il siégeait à la cour, même lors de son anniversaire de naissance ou de ceux de sa famille, parfois même lors de jours de fêtes anciennes populaires ou de jours de mauvais augure. Plutôt que de toujours observer la loi à la lettre, il se laissait guider par son sens de l'équité et lorsqu'il trouvait que les peines prescrites étaient trop sévères ou trop indulgentes, il les changeait en conséquence.

Le nez à convexité ou bosse inférieure appartient à une personne qui dépense son énergie pour satisfaire ses propres besoins. C'est donc un nez à la fois d'attaque et de défense, mais qui a toujours le moi en tête. Ceux qui barrent la route à son propriétaire sont écrasés, et ceux qui rient de sa vanité et de son ambition ou les condamnent sont ignorés. Ce fait explique qu'un grand nombre d'acteurs et de vedettes du spectacle aient un tel nez, car ils doivent lutter avec acharnement pour s'imposer au public. Un exemple modeste de ce type de nez appartenait à l'actrice de cinéma Rochelle Hudson, dont on aperçoit le profil à l'illustration 108. Il est intéressant d'observer que son nez est aussi un peu retroussé, exposant partiellement les narines, un trait qui révèle qu'elle était à la fois insouciante et irresponsable, caractéristiques qui l'ont peut-être empêchée de devenir une grande vedette.

Enfin, le nez de faucon, courbé vers l'extérieur de haut en bas, est depuis longtemps associé à l'expertise financière et au sens des affaires, à la perspicacité et à l'énergie. Ces associations sont exactes, pourtant ces traits et ce nez sont loin d'appartenir à une classe particulière. Partout dans le monde, des hommes d'affaires éminents ont des nez convexes, et le défunt Aristote Onassis n'en est qu'un exemple. Toutefois, nous devons faire la distinction entre un nez convexe mince et un nez dodu et charnu. Le premier appartient à la personne qui, tout en étant énergique, manque d'endurance. Elle est prête à prendre des risques, qui sont parfois profitables mais qui, le plus souvent, la poussent à s'endetter, à rompre des ententes, à renier ses promesses et à se disputer avec les personnes qui l'ont aidée ou appuyée. Trop souvent, ce genre de personne mène une vie solitaire et incertaine, se tenant sur la corde raide entre la légalité et l'illégalité, et ne jouissant que de périodes d'affluence temporaire, si elle est chanceuse. Le vrai nez de faucon, par ailleurs, est dodu et charnu. Il symbolise un tempérament à la fois énergique et stable, optimiste et ambitieux, qualités conditionnelles au succès dans n'importe quel domaine.

Un nez concave manque de cartilage et parfois l'os, qui donne leur forme aux nez dont nous venons de parler, a souvent une apparence large et aplatie, comme s'il avait été frappé d'un coup de poing. De tels nez forment invariablement un angle de moins de 30 degrés par rapport au visage, ce qui est une preuve de faiblesse de caractère. Ils sont typiquement accompagnés de narines retroussées, formant le véritable nez camus. Mais lorsque le nez n'est pas retroussé, on le dit «céleste», parce que l'on croyait autrefois qu'il ajoutait à la beauté féminine, non seulement par sa forme mais parce qu'il était associé aux qualités féminines de chasteté et d'obéissance. En fait, les nez concaves sont considérés depuis longtemps comme révélateurs de passivité, de lâcheté, de faiblesse de la volonté et du manque d'énergie. Ces caractéristiques trouvent leur expression la plus négative, chez les personnes à nez camus, lorsqu'elles sont combinées à des moeurs légères et à l'irresponsabilité, ce qui aggrave leur nature, de la même façon que des déchets que l'on ajoute à de l'eau stagnante font, de quelque chose de déplaisant, quelque chose de nocif et dangereux. En fait, Cesare Lombroso a souligné qu'un grand nombre de criminels ont des nez camus concaves.

Le nez forme une partie de la ligne médiane du visage, qui devrait être droite. C'est un signe négatif lorsque le nez est croche ou tordu ou lorsqu'il penche d'un côté. Il en va de même si le nez est asymétrique, une moitié étant de forme différente de l'autre. Un tel manque d'équilibre affaiblit n'importe quelle caractéristique positive que le nez puisse avoir, et renforce la signification de ses caractéristiques négatives. Un nez déséquilibré témoigne également d'une période de vie troublée et malheureuse entre 40 et 49 ans.

«Mais... et moi?», criez-vous. «Mon nez était parfaitement droit jusqu'à ce qu'il soit brisé au cours d'une bagarre..., d'un accident de voiture..., d'une partie de football! Est-ce qu'une telle réorganisation de mes traits modifie mon caractère et aggrave mon destin?»

Je regrette de dire que c'est le cas, et cela s'applique à n'importe quelle blessure entraînant des dommages permanents au visage. Et il n'est pas très difficile de comprendre pourquoi il en est ainsi. En effet, lorsqu'une personne

Illustration 109: Albert Victor, le duc de Clarence (1864-1892), petit-fils de la reine Victoria, autrefois soupçonné d'être Jack l'éventreur.

qui présentait un nez grec parfait à la face du monde se le fait aplatir au cours d'une bagarre, non seulement cela affecte sa perception d'elle-même, ce qui amène graduellement une modification de son caractère, mais cela modifie également la réaction des autres à son endroit, ce qui a un effet sur ses relations et qui, par conséquent, affecte son destin. Tout ceci tient du fait que les événements les plus importants de la vie découlent souvent de petits hasards. Par exemple, un homme au nez nouvellement aplati peut être ignoré, dans une partie, par la même fille qui, s'il n'avait pas le nez aplati, l'aurait trouvé attrayant et, peut-être, serait sortie avec lui, l'aurait épousé, lui aurait fait une merveilleuse épouse, alors que c'est une autre fille qui est attirée par ses airs de bagarreur, qui lui fait la conversation, quitte la sauterie avec lui et finit par l'épouser. Et si le mariage finit par un divorce lorsqu'ils atteignent l'âge moyen, s'il s'en trouve séparé de ses enfants, qu'il se met à boire, qu'il perd son estime de soi et, au bout du compte, son emploi, nous pouvons alors reconnaître qu'une blessure aussi mineure — un nez cassé — puisse changer complètement sa vie et son destin.

Parfois, vu de face, le nez est remarquablement plus épais au milieu (voir illustration 109). C'est un autre trait négatif, surtout chez la femme car il signifie la perte d'un mari, à la suite d'un divorce ou d'un décès, alors qu'elle est dans la quarantaine, et peut signifier une vieillesse solitaire, à moins que la partie inférieure du visage soit bien formée. Et les hommes et les femmes qui ont ce genre de nez doivent habituellement travailler très fort, souvent sans obtenir les récompenses qu'ils méritent. C'est en partie leur faute, car ils sont très entêtés et ils refusent de changer leurs façons de faire même quand c'est nécessaire.

Comme les poils qui poussent dans les orifices auriculaires, les poils qui poussent dans les narines sont un signe négatif. En effet, un nez poilu est la marque d'un joueur, d'une personne qui prend trop de risques et qui, ultimement, perd tout. Il n'est jamais prudent de brasser des affaires avec une personne au nez poilu ou de lui prêter de l'argent.

La forme et la grosseur de vos narines en disent long sur votre caractère. Si, par exemple, votre nez a des ailes aplaties, résultant en narines étroites, vous n'avez pas de talent pour les questions d'argent. Non seulement trouvez-vous difficile d'acquérir de l'argent, mais vous ne savez pas non plus l'utiliser sagement.

En général, les grosses narines appartiennent aux personnes financièrement imprudentes, qui laissent l'argent fuir entre les doigts, alors que les petites narines sont le propre des personnes qui sont prudentes en matière d'argent et qui optent pour un emploi stable et sûr plutôt que pour un emploi qui les oblige à prendre des risques.

Si vos narines sont de forme carrée, vous avez une attitude conservatrice: vous croyez savoir comment le monde devrait être mené et vous ne changez pas facilement d'idée au sujet de quoi que ce soit. Les autres vous trouvent dur et entêté.

Si vos narines sont de forme triangulaire, vous êtes une personne du genre Séraphin: vous aimez empiler votre argent et garder les cordons de la bourse serrés. Vous serez rarement, sinon jamais, dans le besoin, mais vous ne saurez pas non plus jouir de votre richesse.

Si vous avez des narines arrondies, vous êtes une personne plutôt tatillonne et précise. Vous aimez faire les choses à votre façon et vous aimez dire aux autres quoi faire et comment se conduire. Toutefois, vous avez parfois des idées fraîches et intéressantes, ce qui vous sauve d'être une peste ennuyeuse.

Si vous avez des narines rectangulaires ou elliptiques, parallèles au septum de votre nez, vous êtes extraverti et aventureux, vous aimez prendre occasionnellement des risques et vous amuser, mais vous trouvez difficile d'épargner. À cet égard, vous êtes totalement différent des personnes qui ont des narines de forme similaire aux vôtres mais parallèles à leur visage. Ces personnes ont tendance à être ternes, pleines d'auto-suffisance et indifférentes à tout ce qui est nouveau. Mais parce qu'elles aiment se faire plaisir et ont peu de volonté, elles ont de la difficulté à économiser leur argent.

Un nez qui est trop petit nuit à l'équilibre du visage et symbolise un caractère déficient et un destin malchanceux. Les personnes qui ont un petit nez sont émotionnellement instables, ont une libido insignifiante et sont malhonnêtes, des traits qui affectent négativement leurs relations, notamment avec les personnes de leur entourage. Un petit nez est également le signe d'une vie courte.

Toutefois, le nez doit aussi être examiné aux points de vue de sa couleur, des vaisseaux sanguins visibles, des rides et des imperfections de la peau. Une mauvaise couleur ou la présence de certaines marques peuvent voler à un nez, même bien formé, une partie ou la totalité de sa signification positive. Par conséquent, ces facteurs doivent être étudiés soigneusement.

Idéalement, le nez ne devrait pas être plus foncé ni plus pâle que le reste du visage, ni remarquablement différent, à la condition, bien sûr, que la coloration générale soit normale. Cela signifie que le nez d'un Européen devrait être rose ou rouge pâle et avoir un éclat radieux et sain. Si le nez lui-même a une bonne forme et une bonne grosseur, une telle couleur et un tel ton présagent une bonne santé, un esprit équilibré, la richesse, le succès et la renommée.

Un nez de couleur rouge, surtout rouge foncé, témoigne de difficultés financières et de disputes avec la famille et les amis, d'une mauvaise santé et d'une vie courte. «Il était de taille moyenne et avait peu de force, des yeux ronds et vifs, un teint rougeâtre et un nez rouge (foie malade)», écrit John Aubrey au sujet de Sir John Suckling, poète et courtisan, qui s'est suicidé à 33 ans.

Un nez rouge est souvent le résultat d'excès d'alcool, ce qui, en soi, peut amener les problèmes mentionnés plus haut. En fait, les personnes au nez rouge sont souvent licencieuses et irresponsables.

Un nez de couleur rose jaunâtre est généralement favorable. Son propriétaire est chanceux et a beaucoup de succès.

Un nez de couleur très foncée, bleuâtre ou noirâtre, est très rare, et, heureusement, car il présage de sérieux problèmes à son propriétaire: maladie, empoisonnement ou faillite financière.

Lorsque des rides profondes traversent l'arête du nez d'un homme, elles l'avertissent d'un accident sérieux, possiblement fatal. Chez une femme, de telles rides présagent un mariage malheureux, aboutissant au divorce. Si les rides sont verticales, elles indiquent que la personnes concernée n'aura pas d'enfant, peut-être parce qu'elles est stérile.

Les imperfections de la peau: éruptions, points noirs ou points blancs, présentes en permanence sur le nez, témoignent d'une libido affaiblie et d'impotence ou de frigidité possible à l'âge moyen. Des vaisseaux sanguins visibles sur le nez appartiennent à une personne immorale.

Chapitre 11
LA BOUCHE

La musique s'enhardit. Ses jambes grossières se mettent à trembler. Ses petites lèvres se couvrent de salive.

Tiré de Wagner, de Rupert Brooke.

Étant l'ouverture extérieure des charnières que sont nos mâchoires, la bouche est la partie de notre visage la plus mobile, celle qui laisse entrer la nourriture, les breuvages et l'air qui nous alimentent; qui mord, lorsque c'est nécessaire, pour nous défendre; et qui verbalise nos pensées, rit pour exprimer notre joie et embrasse ceux que nous aimons. Il n'est donc pas surprenant que la forme et l'état de la bouche en disent long sur la personne, et nous devons examiner avec attention la variété de ses types. Nous nous attarderons particulièrement à la grandeur de la bouche et à la forme des lèvres et nous arrêterons un peu notre attention sur les dents et la langue qui, bien qu'en grande partie cachées, contribuent à la signification de la bouche.

Une mauvaise bouche, au sens esthétique, ne signifie pas nécessairement que son propriétaire a un caractère répréhensible ni qu'il n'atteindra pas une position d'autorité, mais elle laisse présager des difficultés au cours des années qu'elle couvre, à savoir les âges entre 51 et 54 ans et l'âge de 59 ans. Par exemple, Claudius, que nous avons déjà mentionné, avait la malchance d'avoir «plusieurs traits désagréables... il riait de façon incontrôlable, il bavait, son nez coulait, il bégayait et il avait un tic persistant», alors que le roi James I, qui avait succédé à la bonne

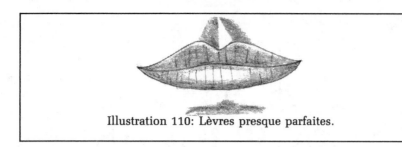

Illustration 110: Lèvres presque parfaites.

reine Bess, était affublé d'«une langue trop grosse pour sa bouche, qui donnait toujours l'impression qu'il parlait la bouche pleine et qui le portait à boire d'une façon grossière, comme s'il mangeait son breuvage, qu'il versait dans les tasses formées par les deux côtés de sa bouche... (pourtant), il était très intelligent et connaissait des tas d'histoires drôles dont il ne riait pas lui-même mais qu'il racontait d'un air grave et sérieux».

La bouche idéale a une grosseur modérée et des lèvres pleines et bien formées, d'épaisseur égale et de couleur rouge. Chaque moitié de la bouche est le miroir de l'autre. Les lèvres se ferment sans laisser d'espace entre elles et les extrémités sont retroussées. Elles ont aussi un éclat naturel, sans être recouvertes de salive. Les lèvres d'un homme devraient être fermes, sans être dures, et celles d'une femme devraient être douces, sans êtres molles (illustration 110).

Si vous avez une telle bouche, vous avez donc une nature chaleureuse, aimante, honnête, un caractère déterminé et de la suite dans les idées. Votre bouche révèle également que le succès que vous atteindrez dans la quarantaine vous vaudra un respect accru et des acclamations dans la cinquantaine.

Une grande bouche est le signe d'une personne extravertie, ouverte et généreuse, des traits qui attirent davantage l'attention et une plus grande popularité que celles qu'obtient normalement la personne qui a une bouche de grandeur modeste. Toutefois, une grande bouche trahit également un certain manque de direction dans la vie, ce qui signifie souvent que son propriétaire n'a pas su tirer profit de ses aptitudes sociales et que son rire tonitruant et son désir de compagnie ne lui ont valu que le mépris de ceux qui ont du succès. Toutefois, les femmes qui ont une grande bouche ont tendance à aller plus loin plus facilement que les hommes. Elles réussissent particulièrement bien dans l'industrie du spectacle et dans le monde des affaires.

Les personnes à petite bouche sont plus introverties et plus prudentes que celles à grande bouche. En fait, une petite bouche signifie souvent le manque de confiance et la méfiance quant aux motifs et aux actions des autres. Par conséquent, ces personnes ont tendance à ne pas jouer cartes sur table. Ou elles évitent la compagnie des autres, ou elles l'endurent afin de savoir ce qui se passe dans le reste du monde. Et elles détestent dépenser de l'argent inutilement.

Des lèvres minces indiquent un manque de chaleur et de sympathie pour les autres, des qualités qui sont directement proportionnelles à la minceur des lèvres, ce qui suggère donc que cette personne a peu d'amis intimes et qu'elle mènera une vie plutôt solitaire, surtout à l'âge moyen. Des lèvres minces qui ferment mal, qui sont croches ou déformées de quelque autre façon, trahissent une nature cruelle et rancunière. Une petite bouche formée de lèvres minces est la marque d'une personne froide, fermée et antipathique, qualités qui découlent du complexe d'infériorité caractéristique de ce type.

C'est toujours un bon signe lorsque les lèvres sont charnues et bien formées, bien qu'on ne puisse pas les considérer idéales à moins qu'elles ne soient aussi de même grosseur, retroussées aux extrémités et qu'elles ne forment une ligne délicatement arquée (illustration 110). En fait, la grosseur de la lèvre supérieure révèle votre capacité d'amour, et celle de votre lèvre inférieure révèle votre besoin d'amour. La force de ces deux qualités devrait être approximativement égale, ou alors vous désirez plus que vous ne donnez ou vice versa. Ainsi, lorsque la lèvre supérieure est plus dodue que la lèvre inférieure, cela indique

Illustration 111: Fay Wray — une lèvre inférieure plus charnue.

une nature ardente qui n'a pas la capacité de s'exprimer entièrement, alors qu'une lèvre inférieure plus charnue révèle un grand besoin d'amour, mais une moins grande capacité de donner en retour. Ce dernier type a tendance à être déçu dans ses attentes et est considéré comme une personne froide par les personnes qui s'en amourachent (illustration 111).

Si vos lèvres se rencontrent en une ligne droite, vous avez un esprit prudent, ordonné et calculateur, ce qui entrave nécessairement vos réactions émotionnelles, parfois à votre détriment. Ainsi, les lèvres de l'illustration 112 appartiennent à une femme qui a besoin d'être aimée et qui se sert de son cerveau pour obtenir ce qu'elle veut, mais elle ne sera probablement entièrement heureuse avec aucun de ses admirateurs ou amants.

Lorsque la ligne entre les lèvres est droite mais qu'elle courbe légèrement au milieu (illustration 113), elle symbolise la personne qui, tout en étant stable et quelque peu crispée, a des envies occasionnelles de sortir de sa coquille et de se conduire de façon osée, à la grande surprise de tout le monde. Par conséquent, une telle marque trahit une certaine impulsivité.

Illustration 112: Lèvres qui se rencontrent en une ligne droite.

Illustration 113: Déviation au centre de lèvres qui forment une ligne droite.

Illustration 114: Lèvres joyeuses aux commissures retroussées.

Des lèvres qui se ferment en une courbe délicate et qui ont des commissures retroussées appartiennent à une personne qui est ouverte et amicale, sans être molle (illustration 114). En fait, si les lèvres elles-mêmes sont charnues, la personne concernée est tout à fait capable de remplir un poste responsable et de diriger et d'organiser les autres de manière juste et avec diplomatie. Mais parce que de telles lèvres révèlent aussi une nature sensuelle, il est possible que leur propriétaire complique inutilement

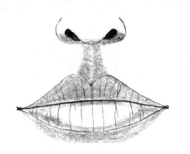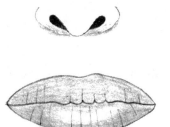

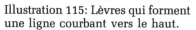

Illustration 115: Lèvres qui forment une ligne courbant vers le haut.

Illustration 116: Lèvres identiques formant une ligne inégale.

sa vie en s'engageant dans des relations extramatrimoniales ou d'autres aventures risquées. Cela s'applique tout particulièrement à la personne dont la lèvre supérieure est plus charnue que la lèvre inférieure.

Lorsque les lèvres se rencontrent en une ligne courbe égale et retroussée (illustration 115) et qu'elles sont d'une couleur rose brillante, elles dénotent une personne qui est rarement à court de paroles et qui a d'énormes pouvoirs de persuasion. De telles personnes sont extraverties et très créatives, mais aussi calculatrices, ce qui leur occasionne des problèmes avec les autres. Toutefois, ce type de ligne de lèvres révèle une vie familiale très intime et l'acquisition de la richesse.

Des lèvres qui forment une ligne inégale révèlent une personnalité plutôt troublée et appartiennent à une personne qui se sent souvent incomprise et qui, par conséquent, est malheureuse. De telles tensions intérieures sont accentuées davantage, dans le cas de lèvres semblables à celles de l'illustration 116, par le fait que la lèvre supérieure est presque parfaitement identique à la lèvre inférieure. La personne qui a ce type de bouche a de grands besoins sexuels qui la poussent à rechercher l'intimité sexuelle avant l'engagement émotionnel, ce qui produit souvent des relations malheureuses avec le sexe opposé.

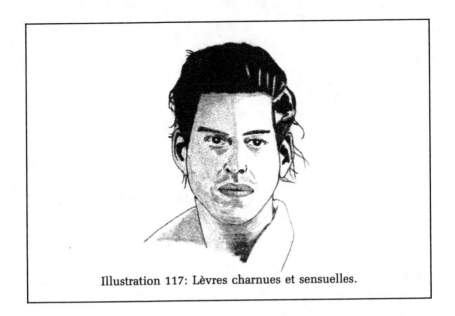
Illustration 117: Lèvres charnues et sensuelles.

Si les lèvres du dernier type sont accentuées davantage par leur rondeur, elles symbolisent une personne extrêmement sensuelle, qui se conduit souvent de façon très romantique, mais dont le but premier est la gratification de ses désirs sexuels (illustration 117). Toutefois, cette personne est douée d'une constitution robuste et d'un sain appétit.

Cesare Lombroso a observé que les lèvres des violeurs (et aussi celles des meurtriers) sont souvent plus grosses que la moyenne; elles sont charnues, enflées et protubérantes. En effet, chez l'homme, une lèvre supérieure protubérante révèle des pulsions sexuelles très puissantes.

Si les commissures de lèvres minces et pâles courbent vers le bas, elles forment ce que les Chinois appellent une «bouche de poisson» (illustration 118). Des lèvres de ce type appartiennent à une personne hésitante, plutôt incertaine, qui s'attire des ennuis en parlant à tort et à travers. Lorsque les lèvres sont plus charnues, la volonté et la détermination sont plus grandes, ce qui aide la personne concernée à se conduire avec plus d'intelligence et de confiance. Toutefois, elle s'adonnera tout de même aux

Illustration 118: Bouche aux commissures tombantes.

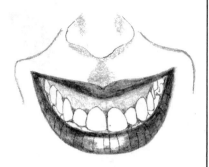

Illustration 119: Sourire révélant les gencives supérieures.

commérages et aux cancans. De telles personnes ont souvent des mariages houleux.

Des lèvres aux commissures retroussées présagent des difficultés au début de la cinquantaine, et il peut s'agir d'un divorce ou du décès du conjoint, se soldant par une vieillesse solitaire. Si une bouche courbée vers le bas s'ajoute à un menton insignifiant et à l'absence de pommettes, leur propriétaire aura une vie brève.

Des dents qui sont modérément longues, régulières, collées les unes contre les autres et blanches sont signe de chance à l'âge moyen. Le contraire se produit si les dents sont courtes, irrégulières, espacées et décolorées, alors que, en plus d'être signe de malchance, elles révèlent que leur propriétaire est irresponsable, sujet aux accidents et dénué du sens des affaires. En fait, lorsqu'elles font partie d'un visage déséquilibré et faible, des dents de ce type sont le présage d'une vie malheureuse et d'une mort prématurée. Les dents courtes indiquent, à elles seules, l'impatience et l'incapacité d'économiser. Des dents longues révèlent les qualités contraires.

Le sourire est important lorsqu'on analyse la bouche. Les personnes qui sourient sans ouvrir les lèvres ont quelque chose à cacher et on ne devrait pas leur faire confiance.

Un sourire qui n'expose que les dents supérieures, mais non les gencives, est le signe d'un bon coeur, d'une nature honnête et d'un destin agréable, quoique les dents et les lèvres doivent aussi être bien formées pour confirmer cette analyse. Si les gencives supérieures sont aussi exposées par le sourire (illustration 119), cela révèle une tendance à la dépression qui peut nuire au bonheur de leur propriétaire et affecter négativement sa carrière.

Lorsque les dents supérieures et les dents inférieures sont exposées par le sourire, elles révèlent une personne dont le caractère est ouvert, juste et généreux, mais qui aura à souffrir des attaques ou des antipathies des autres. Toutefois, les femmes de moeurs légères ont souvent de tels sourires.

Il est rare qu'un sourire ne révèle que les dents inférieures. Une telle anomalie révèle une nature entêtée et défensive, appartenant à des personnes qui se sentent inférieures mais qui refusent de se laisser écraser par qui que ce soit. Ce sont des personnes radicales qui, si elles ont des traits déséquilibrés, risquent de se laisser tenter par le crime ou par des politiques révolutionnaires.

La langue ne joue pas un grand rôle dans l'étude du visage, parce qu'elle n'est visible que de façon intermittente, bien qu'il s'agisse d'un organe des plus importants. Non seulement sert-elle à nous assurer le sens du goût et à nous permettre de bien mastiquer notre nourriture mais elle nous permet, à l'occasion, en s'allongeant entre les dents, d'exprimer notre mépris à ceux que nous considérons méchants ou stupides. Le roi James I a souffert toute sa vie de l'indignité d'avoir une langue trop grosse, mais ses sujets s'en trouvaient certainement plus heureux que s'il avait eu une tête enflée. «En un mot, dit notre commentateur, Sir Anthony Weldon, c'était un roi tel que j'aurais aimé que son royaume n'en ait jamais de pire, car il a vécu en paix, il est mort en paix et il a laissé son royaume dans un état pacifique, sa devise étant *Beati Pacifici.*»

Toutefois, il faut noter qu'une grosse langue large et épaisse attire la chance au point de vue santé et fortune et que, si son propriétaire est capable de toucher le bout de son nez avec cette langue, il deviendra riche et respecté. Par contre, une langue étroite a une signification malheureuse car, bien qu'indicatrice d'éloquence, ce talent pour la parole est susceptible d'être utilisé au détriment des autres. Elle met également en garde contre la malchance, surtout si son propriétaire est incapable de l'appliquer au bout de son nez. Les langues courtes sont le propre d'une nature envieuse et critique et de la malchance générale.

Cependant, chacune de ces formes est bénéfique si la langue est rose foncé, ce qui améliore sa signification, alors qu'une langue d'une autre couleur, grise, blanche ou rouge foncé, révèle un manque de respect, une santé médiocre et la malchance.

Enfin, en ce qui a trait aux odeurs buccales, il est pertinent de prendre note de l'observation d'Aristote, à l'effet que «la personne qui a mauvaise haleine a un foie ou des poumons corrompus, est souvent vaine, libertine, envieuse, trompeuse ou d'intelligence médiocre, et elle ne tient pas ses promesses. La personne qui a bonne haleine est tout à fait le contraire».

Chapitre 12
LE MENTON, LA MÂCHOIRE ET LES POMMETTES

Destructivité: tendance à souiller, à briser et à détruire. Le nez bas et plat qui est particulièrement large à l'endroit où les ailes des narines se joignent au visage; l'oreille courte et large... le cou large, les mâchoires carrées et le front court sont des signes qui révèlent la destructivité aussi clairement que l'ombre sur le cadran solaire indique la direction du soleil.

Tiré de *Nature's Revelations of Character*, de Joseph Simms.

Aucune étude du visage ne serait complète si elle ne s'arrêtait au menton, à la mâchoire et aux pommettes, qui peuvent tous corroborer ou peut-être accentuer le caractère et les indications fournies par les autres traits, ou montrer qu'on ne peut pas toujours se fier au premier coup d'oeil. Le visage idéal a un menton, une mâchoire et des pommettes distincts, alors qu'une faiblesse dans l'une ou l'autre de ces régions peut amoindrir, du moins dans une certaine mesure, le reste du visage.

Nous savons tous ce que signifie un menton «faible»: un menton qui est trop étroit, trop pointu ou fuyant, et nous n'avons pas de difficulté à reconnaître une mâchoire «forte» à sa largeur et à son importance. Et nous ne nous trompons pas non plus dans notre estimation instinctive de tels mentons. En fait, Cesare Lombroso a remarqué que les criminels-nés ont tendance à avoir des mentons qui sont ou petits ou fuyants, ou qui sont excessivement longs, courts ou plats, comme ceux des singes. Un menton de ce type n'indique pas, en soi, la criminalité, mais suggère plutôt un manque de direction et de détermination qui, si elles étaient présentes, suffiraient à garder la personne dans le droit chemin.

Votre menton révèle donc la quantité de volonté que vous avez et aussi, comme vos lèvres, votre capacité et votre besoin d'amour. En outre, il vous informe de la qualité de vie à laquelle vous pouvez vous attendre au cours de votre septième décennie (61-70 ans).

Vu de face, votre menton devrait, idéalement, être large, long et distinct. Si c'est le cas, vous avez une nature forte et une détermination considérable et vous jouirez d'une bonne santé et de la chance dans la soixantaine. Et si vos autres traits révèlent que vous avez atteint (ou atteindrez) la richesse et le succès au début de votre vie, vous les aurez encore à un âge avancé.

Un menton large et rond est symbolique de la générosité, de la chaleur émotionnelle, de manières avenantes et de la bonne humeur, lesquelles s'expriment plus volontiers et plus facilement si le menton est court. Un menton long trahit une tendance autoritaire et, typiquement, appartient au patron ou au cadre charmant qui se sert de sa chaleur pour séduire et mieux manipuler ses employés et ses rivaux (illustration 120).

Un menton large et carré est la marque d'une personne stable et fiable, des qualités qui permettent à son propriétaire de travailler fort et de réussir sa carrière et son mariage. Les manières sont moins affables que celles de la personne au menton rond, mais les sentiments n'en sont pas moins profonds (illustration 121). Un menton carré marqué d'un sillon ou menton fourchu exprime le besoin d'être aimé, ce qui explique que bon nombre d'artistes et de vedettes du spectacle aient souvent des mentons de ce type.

Illustration 120: Menton large et rond de Barbara Stanwyk.

Illustration 121: Menton large et carré de Sydney Lipton, directeur d'un groupe de musiciens avant la guerre.

Un menton large projeté vers l'avant ajoute à sa force, dans une certaine mesure, et accentue donc les qualités positives qui lui sont associées. Pourtant, lorsqu'il est accompagné d'une mâchoire large, ce menton signifie typiquement des pulsions sexuelles puissantes et le désir de séduire. Il n'est donc pas étonnant de découvrir que le défunt président John F. Kennedy, qui était un coureur de jupons incorrigible, avait une mâchoire large et un menton projeté vers l'avant. Un menton étroit et un menton pointu symbolisent tous deux un caractère plus faible et une énergie et une détermination moins grandes que celles qui sont indiquées par un menton large; ils présagent également une vieillesse troublée et peut-être solitaire. Toutefois, si de tels mentons sont associés à d'autres traits faciaux faibles, ils révèlent une mort prématurée.

Un menton fuyant a une signification très négative (illustration 122), car il révèle le manque d'estime de soi, l'indécision, l'incertitude et le manque d'énergie, tout en avertissant que l'âge avancé sera peut-être rendu difficile

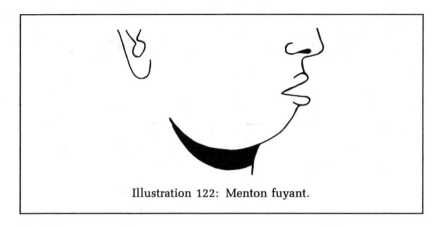

Illustration 122: Menton fuyant.

à cause d'une mauvaise santé, de la pauvreté et de la solitude. Toutefois, un menton fuyant qui est large montre que, bien que son propriétaire ait de la difficulté à prendre des décisions, il fait preuve d'une grande persévérance une fois qu'il les a prises.

Parce que le menton est la partie avant de la mâchoire, il est nécessaire d'examiner la forme de cette dernière. Ainsi, une mâchoire large accompagne invariablement un menton large, et vice versa. Et la forme de la mâchoire est déterminée par la forme du visage. Lorsque le visage est carré ou rectangulaire, la mâchoire et le menton sont larges et carrés, et lorsque le visage est rond, la mâchoire et le menton sont ronds. Un visage du type triangle à l'endroit ou du type triangle à l'endroit tronqué a une mâchoire très large et un menton solide, alors que le visage en forme de triangle inversé a une mâchoire étroite et un menton pointu. Le visage en forme de triangle inversé et tronqué, ou visage de Vénus, a une mâchoire et un menton de largeur intermédiaire.

Une mâchoire large est un signe de grande énergie et de force de volonté; ceux qui ont une telle mâchoire ont donc tendance à être très déterminés, décisifs et ambitieux; ils ont aussi, comme nous l'avons déjà souligné, une libido puissante. Quant aux personnes qui ont une mâchoire plus étroite, elles ont proportionnellement moins de ces qualités.

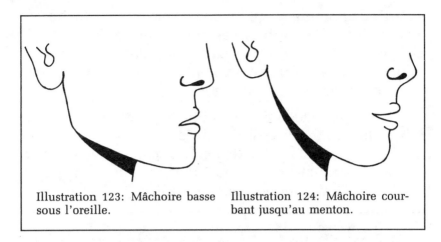

Illustration 123: Mâchoire basse sous l'oreille.

Illustration 124: Mâchoire courbant jusqu'au menton.

Toutefois, la mâchoire doit aussi être examinée de côté pour pouvoir l'évaluer avec exactitude. Lorsque l'os de la mâchoire est très bas sous l'oreille (illustration 123), c'est une autre indication d'une volonté ferme. Si, en plus, la mâchoire est très large, la personne concernée est très résolue et très déterminée, ce qui l'aide naturellement à atteindre ses buts. C'est pourquoi les personnes qui ont des visages rectangulaires, dont les mâchoires sont larges et basses, deviennent si souvent des chefs d'entreprise et des meneurs d'hommes.

À cet égard, il est intéressant de noter que Périclès, homme d'État grec et orateur, qui avait mené ses compatriotes athéniens à une victoire sur les autres villes-États, avait une tête anormalement longue, qui avait poussé certains agitateurs poétiques à le surnommer *Schinocephalus* ou «tête d'oignon», les oignons auxquels ils faisaient référence étant de longs oignons marins et non les oignons presque sphériques qui poussent dans nos jardins.

Une mâchoire plus modérément basse sous l'oreille indique une volonté moins forte, ce qui ramène à des proportions raisonnables une qualité qui pourrait être de l'entêtement pur et simple.

Toutefois, le plus souvent, la mâchoire, plutôt que de descendre en ligne droite et de tourner carré pour former le dessous du menton, forme plutôt une courbe délicate à partir de l'oreille jusqu'au bout du menton (illustration 124). Si une telle courbe est associée à une mâchoire large, la combinaison des deux suggère une volonté atténuée par la flexibilité, alors que si le menton est étroit, la volonté est faible et la détermination absente.

Les pommettes sont en réalité les bords inférieurs des orbites ou cavités des yeux, qui s'élargissent (ou s'approfondissent) en s'éloignant du nez. Les pommettes sont parfois assez protubérantes pour être remarquables ou, au contraire, elles ne forment aucune saillie visible. Leur hauteur varie également, les pommettes hautes étant situées tout près des yeux et les pommettes basses se perdant dans les tissus formant les joues. Et, encore une fois, les pommettes peuvent être bien couvertes par la chair ou, à l'autre extrême, elles peuvent être décharnées. Chacune de ces variantes révèle une autre facette du caractère et du destin.

Pour ce qui a trait à l'âge, les pommettes sont associées au milieu de la quarantaine, la gauche à l'âge de 45 ans, la droite à l'âge de 46 ans. Si les pommettes (ou l'une des deux) sont mal formées ou endommagées, ou si elles ne sont pas à la même hauteur, déséquilibrant donc le visage, les années qu'elles représentent seront néfastes pour cet individu qui aura probablement un revers de fortune à cette période de sa vie, qui se fera voler ou qui perdra l'autorité qu'il aura acquise.

Les pommettes symbolisent le pouvoir de commandement et le degré d'influence que vous êtes susceptible d'atteindre. Si vous avez des pommettes hautes, visibles et bien charnues, non seulement aurez-vous de l'autorité, mais vous utiliserez votre pouvoir de façon juste et noble. Par contre, si vos pommettes sont hautes et visibles mais décharnées, vous utiliserez le pouvoir que vous aurez atteint de façon injuste et ignoble, voire possiblement cruelle. Des pommettes hautes et plates suggèrent de l'ascendant sans pouvoir de commandement et appartiennent donc typiquement, par exemple, aux personnes éminentes sur le plan académique.

Si vos pommettes sont basses, ou si elles paraissent minces ou faibles, vous êtes peu susceptible d'atteindre au pouvoir ou d'avoir quelque influence. Vous devez donc vous attendre à rester l'un des travailleurs inconnus de ce monde.

Le visage mâle est naturellement hirsute bien que la mode demande souvent qu'on le rase. Toutefois sa couleur, son épaisseur, sa densité et la direction des poils de la barbe peuvent fournir des informations utiles quant au caractère et au destin d'un homme.

La barbe pousse sur les côtés du visage, sur la mâchoire, le menton et la lèvre supérieure et est donc associée, en regard du destin, aux années de la vie de l'homme qui sont associées à ces parties du visage, à savoir les âges entre 50 et 82 ans, et le milieu de la quatre-vingt-dizaine (illustration 43). La qualité de la barbe réduit, soutient ou renforce les indications fournies par les régions qu'elle couvre au sujet du caractère et du destin.

Le type de barbe idéal et le plus positif est une barbe touffue et de couleur foncée et ses poils sont fins, doux, élastiques et luisants. Elle ne pousse pas trop près de la bouche comme pour l'enfermer, mais révèle un peu de chair nue sous la lèvre inférieure. Elle pousse également dans le sillon naso-labial. Une telle barbe représente un homme travailleur, honnête, stable et généreux et renforce donc la signification de la partie inférieure du visage. Elle présage également qu'à l'âge moyen et à l'âge avancé l'homme sera en santé, heureux et aura du succès.

Toutefois, lorsqu'une barbe qu'on a laissée pousser est formée de poils rudes, raides, ternes et ébouriffés, de couleur rougeâtre ou jaunâtre, elle gâte la signification de la partie inférieure du visage, indiquant que le caractère de son propriétaire est, ou deviendra, frustre et cupide, son tempérament, colérique et méchant, et que sa vie sera menacée par une mauvaise santé, des blessures ou la violence. Cette interprétation négative s'applique doublement si la barbe pousse trop près de la bouche, ce qui est toujours un signe de danger mortel à l'âge moyen. Nous

Illustration 125: Sir Francis Crossley.

voyons (illustration 125) une barbe qui pousse ainsi trop près de la bouche d'un homme, Sir Francis Crossley, philantrope de l'époque victorienne.

Né à Halifax en 1817, Sir Francis Crossley y a bâti une entreprise très profitable avec ses deux frères, entreprise qui allait employer graduellement 5 000 personnes, dont un grand nombre sont devenues des actionnaires de la compagnie. Homme très religieux, Sir Francis est encore célèbre aujourd'hui à Halifax pour avoir construit le People's Park, qui avait été conçu de façon à être «accessible, à pied, à tous les travailleurs de Halifax; de façon que chacun puisse s'y promener, après le travail, et retourner chez lui sans se sentir fatigué». Toutefois, comme le prédisait sa barbe, Sir Francis a été pris de maladie à l'âge de 51 ans. Il a alors décidé d'aller visiter la Terre Sainte, mais, sa maladie s'aggravant, il a dû interrompre son voyage à Rome, où il a séjourné pendant plusieurs mois. À son retour en Angleterre, il s'est senti bien pendant quelque temps, puis il a eu une rechute vers la fin de l'année 1871 et est mort le 8 janvier 1872, à l'âge de 54 ans.

Une barbe mince ou inégale symbolise la faiblesse de caractère, le manque d'énergie et de détermination et une vieillesse troublée par une mauvaise santé et l'absence de succès. Et si la moustache ne pousse pas dans le sillon naso-labial, l'individu sera injustement critiqué et calomnié.

Chapitre 13

LES RIDES DES JOUES, LE TEINT ET LES GRAINS DE BEAUTÉ

À mesure que la personne prend de l'âge, le visage acquiert un certain nombre de lignes ou plis appelés rides, lesquelles deviennent de plus en plus nombreuses à mesure que les années passent; elles reflètent les changements intérieurs du caractère et l'acquisition de la sagesse, apportée par les expériences de la vie. En effet, le visage d'un enfant ne porte habituellement pas de rides, alors que celui d'un vieillard est souvent généreusement, parfois grotesquement, creusé de rides.

Nous avons déjà examiné les rides du front, qui peuvent apparaître très tôt dans la vie, et aussi les pattes d'oie, qui arrivent plus tard. Nous devons maintenant prêter attention à celles qui se forment sur la partie inférieure du visage et qui peuvent n'apparaître que vers l'âge de trente ans.

Les plus importantes de ces rides sont les deux rides des joues ou, comme les Chinois les appellent, les Fa Ling. Elles partent de la partie supérieure de chacune des ailes du nez et, dans leur forme idéale, forment une douce courbe qui passe par la bouche pour se terminer de cha-

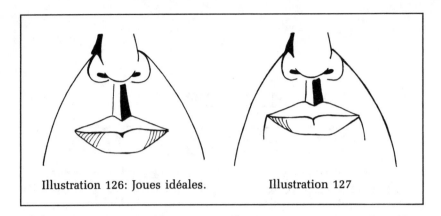

Illustration 126: Joues idéales.   Illustration 127

que côté du menton. Elles devraient être de même longueur, très profondes, sans division ni brisure (illustration 126).

De telles joues représentent une longue vie, une certaine mesure de succès et l'acquisition du respect des autres et d'une certaine autorité. Un succès moyen est peut-être ce qu'il y a de préférable parce qu'il n'excite pas l'envie ni la jalousie des autres, n'est pas néfaste pour la santé et n'empiète pas sur le bonheur de la vie familiale. Par conséquent, ce genre de lignes de joues présage également le bonheur et la satisfaction et une promotion possible à 55 ou 56 ans ou, alternativement, le début d'une nouvelle phase de la vie, comme il pourrait en résulter d'une retraite anticipée.

Il est vrai, toutefois, qu'on trouve des rides de joues bien définies plus souvent chez les hommes que chez les femmes. En fait, un grand nombre de femmes de moins de trente ans n'ont pas du tout de rides de joues. Cela est en partie attribuable aux différences physiques entre le visage d'un homme et celui d'une femme: le visage d'une femme, par exemple, a davantage de gras sous-cutané; toutefois, c'est surtout le reflet du fait que, jusqu'à très récemment, peu de femmes travaillaient à l'extérieur du foyer, ce qui empêchait le développement de ces rides associées au succès dans le monde. Corollairement, lorsqu'une femme est appelée à devenir importante et à avoir beaucoup d'influence, elle a immanquablement de telles rides.

Trois bons exemples de femmes qui ont, ou avaient, des rides de joues proéminentes, sont Margaret Thatcher (illustration 61), Golda Meir et Indira Ghandi.

Lorsque des rides de joues très profondes et continues descendent bien en deçà du niveau de la bouche, elles symbolisent non seulement le succès mais aussi une longue vie. Si ces rides sont accompagnées d'autres petites rides partant des commissures de la bouche (illustration 127), elles signifient un grand succès et l'accès à une position proéminente dans le monde des affaires, des arts ou de la littérature. Toutefois, ces dernières rides doivent être accompagnées d'yeux brillants et autoritaires, d'un nez charnu, droit ou convexe et d'un menton ferme, etc., pour confirmer une telle analyse.

Dans de rares cas, les rides des joues et les rides partant des commissures des lèvres sont rejointes par des rides qui montent du menton aux joues (illustration 128). À la condition que les autres traits faciaux soient positifs, cette formation particulière présage une grande richesse, un grand pouvoir, une position très importante et une longue vie. Il n'est donc pas surprenant que seules des personnes comme les rois, les présidents et d'autres chefs célèbres présentent une telle combinaison de ces rides.

De longues rides de joues courbent parfois vers le haut à leurs extrémités, donnant ainsi au visage un air vaguement mandarin (illustration 129). Cela signifie l'accès

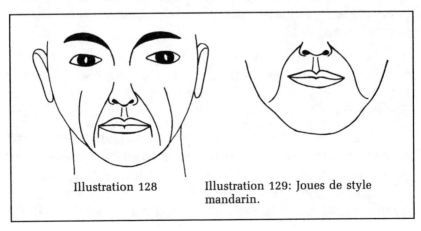

Illustration 128   Illustration 129: Joues de style mandarin.

Illustration 130: Le président Abraham Lincoln.

à une position élevée et importante, dans le monde des affaires ou au gouvernement, sans toutefois qu'y soient rattachés un plein pouvoir et une entière responsabilité.

Des rides de joues floues, brisées ou errantes sont un signe négatif, car elles indiquent que le milieu de la cinquantaine sera une période malheureuse et difficile à cause d'une mauvaise santé ou d'événements imprévisibles et imprévus de nature dommageable. Si l'une ou l'autre des rides des joues porte un grain de beauté ou une saillie telle qu'on en voit sur la joue droite d'Abraham Lincoln (illustration 130), cela présage un grave danger personnel à cette période de la vie: ainsi, le président Lincoln a été blessé par un tireur à l'âge de 56 ans.

Des rides de joues inégales ou qui suivent des trajectoires différentes révèlent une personnalité instable et un manque de persistance qui, à leur tour, donnent lieu à des déceptions et à l'incapacité d'atteindre les buts recherchés.

Des rides de joues absentes ou très courtes chez un adulte révèlent qu'il mourra prématurément, c'est-à-dire vers l'âge de 56 ans. Par exemple, Adolf Hitler (illustration 92), qui avait des rides de joues courtes, s'est suicidé quelques jours après son 56e anniversaire, et Elvis Pres-

Illustration 131: Rides de joues descendant en ligne droite à partir du nez.

Illustration 132: Rides des joues rejoignant les commissures des lèvres.

ley (illustration 35), s'est écroulé et est mort à l'âge de 42 ans.

Bien que ce soit normalement un signe de chance que d'avoir des rides de joues longues et bien définies, leur signification peut être compromise par leur trajectoire. Si, par exemple, elles descendent en ligne droite des ailes du nez jusqu'au-delà de la bouche (illustration 131), elles indiquent que la personne concernée s'attirera des ennuis par ses paroles et par son manquement à une promesse. Elles révèlent également que la personne souffrira de problèmes de santé au milieu de la cinquantaine.

C'est un signe très négatif lorsque les rides des joues courbent vers l'intérieur et rejoignent les commissures des lèvres (illustration 132), car elles présagent alors une mort prématurée et plutôt terrible, conséquence possible d'un accident ou d'un assassinat. Toutefois les Chinois, qui appellent de telles rides «des dragons pénétrant dans la bouche», disent que si le bout de la langue est doté d'un bouton rouge, cela neutralise les effets négatifs des rides courbes et protège la personne contre le danger qui la menace.

Les rides des joues ont également une signification négative lorsqu'elles courbent vers le haut à partir du nez ou lorsqu'elles se terminent près des yeux (illustration 133). Bien que rares, ces rides indiquent une mort prématurée et tragique.

Le teint du visage peut complémenter ou amoindrir sa beauté, mais il fournit également beaucoup d'information au sujet de la santé et du tempérament d'un individu. Le teint est lié étroitement à la qualité de la peau. En général, une peau fine et soyeuse est non seulement plus attrayante mais elle a aussi une signification plus chanceuse qu'une peau épaisse et rêche. Les femmes ont la peau naturellement plus douce que celle des hommes, bien que certains hommes soient exceptionnels à cet égard. Le roi James I, notamment, qui était considéré par ses contemporains comme «le fou le plus sage du royaume» était réputé avoir une peau «aussi soyeuse que du taffetas».

Une peau blafarde et sans couleur a toujours été associée à une mauvaise santé, une mauvaise circulation et un coeur faible. Quant au caractère, une peau blanche révèle la froideur et l'absence d'émotions, le refus de se lier intimement avec d'autres personnes et une absence générale de direction. On disait de l'empereur romain Clodius, surnommé Albinus à cause de sa peau remarquablement blanche, qu'il était «haineux avec sa femme, injuste avec ses esclaves et brutal avec ses soldats. Souvent, il allait jusqu'à crucifier des centurions en service actif, même lorsque la nature des accusations ne l'exigeait pas». Cet homme désagréable s'est poignardé à mort le 17 février de l'année 197, après avoir régné pendant un peu plus d'un an.

John Milton avait un teint excessivement clair, si bien qu'on l'avait surnommé «la dame du Collège du Sacré-Coeur», alors que celui d'Henri VIII était réputé «très clair et brillant». Et Plutarque nous dit que celui d'Alexandre le Grand était «clair et il avait un soupçon de rouge au visage et sur la poitrine».

La peau idéale est pâle, peut-être un peu rosée aux joues, et elle révèle alors une nature vive, joyeuse, chaleureuse et altruiste, de même qu'une bonne santé. Sir Thomas More, cet homme à tout faire, avait une telle peau. «Il a un teint clair, radieux plutôt que pâle, a écrit Érasme, et, bien que loin d'être rougeaud, il brillait d'un rose pâle.» C'était aussi le cas de Lady Venetia Digby. «La couleur de

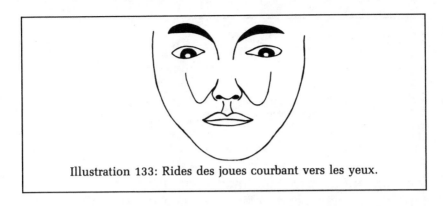
Illustration 133: Rides des joues courbant vers les yeux.

ses joues était à peu près la même que celle d'une rose vermeille, a observé John Aubrey, ce qui n'est ni trop foncé ni trop pâle.» Toutefois, elle n'avait pas une santé aussi robuste que le suggérait son teint. Lady Digby est morte à 33 ans.

Un teint plutôt rouge que rose appartient à une personne au physique naturellement robuste et qui a beaucoup d'énergie, de détermination, de courage et de passion. Elle est donc extravertie, elle aime être entourée et s'amuser et elle est sexuellement active. Toutefois, elle est aussi impulsive, ce qui la rend plutôt instable et frivole, et elle peut devenir dangereuse lorsqu'on la contrarie ou lorsqu'elle boit à l'excès.

«Son visage était enflé et rougeâtre», écrit Sir Philip Warwick au sujet d'Oliver Cromwell, et nous avons déjà mentionné que le poète et courtisan Sir John Suckling, qui s'est suicidé, avait non seulement «le visage rougeâtre», mais aussi «le nez rouge». L'empereur Domitien avait aussi un visage rubicond, de même que le philosophe Thomas Hobbes, de qui l'on disait: «À partir de quarante ans, ou plus, sa santé s'est améliorée et il avait alors un teint frais et rubicond... sa peau était soyeuse.» Et le poète et diplomate Andrew Marvell (illustration 134), «était de taille moyenne, avait un physique robuste, un visage rond, des joues couleur de cerise, des yeux noisette et des cheveux bruns».

Illustration 134: Andrew Marvell (1621-1678).

Lorsque le visage est bleuté, c'est le signe d'une mauvaise circulation, peut-être attribuable à une déficience cardiaque ou rénale, et elle est donc indicatrice d'une mauvaise santé. Les personnes qui ont le teint bleuté manquent d'énergie et de vitalité, sont souvent malades et ont de la difficulté à atteindre leurs buts. Des taches bleues peuvent aussi être considérées comme des influences négatives sur la période d'âge où elles sont situées, et présager une mauvaise santé, la malchance ou la perte de statut, à cette période de la vie. Un teint généralement bleu peut être le présage d'une mort prématurée.

Autrefois, on croyait qu'un teint jaune, ou un visage marqué de taches jaunes, était attribuable à une surproduction de bile jaune, ce qui conférait aux personnes concernées une personnalité amère, perverse et susceptible. Bien qu'ancienne, cette croyance est en partie vraie, car la personne au teint jaune a tendance à être introvertie, étroite d'esprit et pessimiste. La couleur jaune est également révélatrice de problèmes de santé tels que la goutte et le rhumatisme ou, si elle ne se trouve que dans le blanc des yeux, de problèmes plus sérieux, tel le diabète.

Lorsqu'un teint jaune est associé à des traits faciaux négatifs, par exemple des yeux froids, un nez aquilin osseux et des lèvres minces, il signifie que la personne est égoïste, orgueilleuse et cruelle.

Les Grecs de l'époque préclassique nommaient leurs enfants selon la forme ou la couleur de leurs visages et, en fait, certains des noms de la mythologie les plus attrayants ne sont rien de plus que des descriptions du visage. Par exemple, le nom d'Europe, donné à la fille d'Agenor et Téléphase, signifie «visage large», et a déjà été un titre de la lune. Sinope ou «visage de lune», Astérope ou «visage étoilé» et Aerope ou «visage céleste» sont d'autres noms à connotation céleste. Leirope ou «visage de lis», Oenope ou «visage couleur du vin», Pélope ou «visage boueux» et Galliope ou «visage clair» sont des noms qui proviennent de la couleur du teint plutôt que de leur ressemblance à un objet ou une région du ciel, alors que Stérope ou «visage têtu» et Gorgopis ou «visage sinistre» font clairement allusion à l'expression plutôt qu'à la forme ou au teint du visage. Seuls quelques noms grecs anciens relèvent de la forme de parties spécifiques du visage, par exemple Eriopis ou «grands yeux» et Simoeis ou «nez retroussé», bien que le héros grec le plus célèbre, Achille, se distinguât évidemment par la minceur de ses lèvres puisque son nom signifie «sans lèvres». Des lèvres minces peuvent présager une mort prématurée, et Achille a été tué d'une flèche transperçant son talon vulnérable, lorsqu'il avait entre 25 et 30 ans (en 1184 avant J.-C.).

On trouve, sur le visage, des grains de beauté de toutes les formes, grosseurs et couleurs et en nombre varié. Toutefois, leur qualité la plus importante est leur éclat. Les grains de beauté luisants portent chance et renforcent la partie du visage où ils se trouvent, surtout s'ils sont noirs ou rouges. Par contre, ceux qui sont ternes portent malchance et compromettent donc la partie du visage où ils sont situés, surtout s'ils sont gris ou bruns.

Un visage totalement dénué de grains de beauté révèle l'absence d'éclat intérieur et indique que la vie de la personne ne bénéficiera pas de coups de chance, alors que la présence de nombreux grains de beauté ternes est le signe de conflit intérieur et montre que la personne concernée aura de la difficulté à accepter ses limites et les revers de fortune qu'elle connaîtra certainement.

Les effets des grains de beauté peuvent être datés selon leur position. Un grain (ou des grains) de beauté sur le front, par exemple, a trait à des événements qui ont lieu au début ou au milieu de l'adolescence et de la vingtaine, alors qu'un grain de beauté situé sur le nez se rapporte à des événements de la quarantaine.

Idéalement, un grain de beauté devrait être rond, car il est alors considéré chanceux. Un grain de beauté rond renforce les points positifs de la partie du visage où il est situé, tout en ayant une signification spéciale par rapport à cette position. Les grains de beauté difformes ne portent pas chance; ils peuvent indiquer une personne en proie à des désirs contradictoires. Les grains de beauté oblongs sont souvent symboliques de profits financiers, qu'il faut toujours gagner par le travail.

Les grains de beauté ne devraient être ni trop gros ni trop petits. Ils sont considérés gros lorsqu'ils ont plus de trois millimètres de diamètre. Les gros grains de beauté révèlent la rudesse et le sous-développement des traits de caractère signifiés par la partie ou la région du visage où ils sont situés et ce, au point de devenir dommageables. Les petits grains de beauté, c'est-à-dire ceux qui ont moins d'un millimètre de diamètre, sont représentatifs de qualités ou d'attributs qui n'ont pas été pleinement développés. Les petits grains de beauté situés dans certaines régions du visage suggèrent l'étroitesse d'esprit.

Donc, en général, un grain de beauté foncé et luisant, de grosseur modérée, est le type de grain de beauté idéal.

Si vous avez des grains de beauté chanceux sur le menton, vous êtes tolérant, affectueux et ouvert dans vos relations avec les autres. Vous aimez voyager, voir de nouveaux paysages, mais vous n'accueillez pas aussi facilement les idées nouvelles. Si vos autres traits le confirment, vous êtes une personne responsable, un employé travailleur, un bon ami et vous êtes (ou ferez) un parent bon et affectueux. Si les grains de beauté de votre menton sont de forme ovale, ils révèlent que votre nature a un penchant calculateur.

Les grains de beauté situés sur les lèvres doivent être évalués prudemment. Les lèvres sont des régions sensuelles et la présence de grains de beauté à cet endroit indique toujours la recherche de chaleur, de passion et de jouissances animales. Si vous avez des grains de beauté ronds chanceux sur les lèvres, vous êtes ouvert, aimant et démonstratif dans vos affections. Toutefois, un ou plusieurs grains de beauté difformes révèlent que vous êtes par trop passionné; si, en plus, le grain de beauté est gris ou brun, vous avez des besoins sexuels très intenses, ce qui pose un certain problème.

Si vous avez des grains de beauté sur les joues, cela indique que vous avez des intérêts intellectuels et que vous êtes quelque peu renfrogné. Vous êtes donc fasciné par les idées et par n'importe quel défi intellectuel. Toutefois, parce que vous êtes incapable de chaleur vis-à-vis des autres, vous vous sentirez souvent isolé et solitaire. Vous n'êtes pas très attaché aux biens matériels. En fait, les trésors de l'esprit sont beaucoup plus importants à vos yeux.

Si vous avez un grain de beauté au coin extérieur de l'un ou l'autre de vos yeux, cela signifie que vous êtes une personne franche et honnête mais que vous vous laissez influencer trop facilement par les opinions des autres. Toutefois, si le grain de beauté en question est terne, difforme, gris ou brun, ou qu'il présente ces trois caractéristiques, votre intégrité est compromise et vous deviendrez peut-être un béni-oui-oui.

La paresse et l'égoïsme sont symbolisés par un grain de beauté malchanceux situé au-dessus du sourcil gauche. Si vous avez un grain de beauté de ce genre, vous aurez peut-être des difficultés à cause de ces déficiences de caractère.

Il n'est jamais chanceux d'avoir un grain de beauté sur une paupière, car c'est un indice d'une personne qui a du talent mais qui ne sait pas s'en servir. Toutefois, la signification de ce grain de beauté est renforcée s'il est équilibré par un autre grain de beauté sur le menton, signifiant des traits de caractère plus forts et plus déterminés.

Un grain de beauté situé sur le sourcil droit ou au-dessus, est un signe de chance. Il présage un succès considérable après des années de lutte et dont la clé est la détermination de la personne, son refus de démissionner, peu importent ses chances de réussite.

Lorsqu'un grain de beauté chanceux apparaît sur le lobe de l'oreille, il révèle un esprit sage et un intérêt pour les questions spirituelles. Toutefois, un grain de beauté malchanceux, c'est-à-dire terne, difforme, gris ou brun, situé sur le lobe de l'oreille, indique que la personne utilisera son savoir pour son profit personnel.

Des grains de beauté apparaissant n'importe où sur les oreilles symbolisent la richesse, si bien que ceux qui en ont n'auront jamais à s'inquiéter de questions d'argent. Les gros grains de beauté présagent une richesse considérable, alors que les petits suggèrent une richesse plus modeste. S'ils sont luisants, ronds, rouges ou noirs, ils révèlent que la richesse sera acquise honnêtement. S'ils sont ternes, difformes, gris ou bruns, ils indiquent que la richesse sera acquise par des activités malhonnêtes ou, possiblement, la fraude.

Un grain de beauté situé sur l'arête du nez, entre les deux yeux, indique de nombreux changements de carrière et la difficulté de s'établir; l'individu n'accédera pas à une position supérieure ou alors, seulement à un âge avancé. Toutefois, un grain de beauté chanceux symbolise des conséquences heureuses à ces nombreux changements, alors qu'un grain de beauté malchanceux révèle que les changements donneront lieu à beaucoup d'amertume et d'insatisfaction.

Situé entre les yeux, sur l'arête du nez, il est un signe malchanceux, même s'il est de la variété «chanceuse». Il présage en effet des problèmes conjugaux et la possibilité d'un divorce; il met également en garde contre des problèmes de santé sérieux. Toutefois, un grain de beauté chanceux suggère que ces événements seront beaucoup moins traumatisants qu'ils pourraient l'être, alors qu'un grain de beauté terne et difforme révèle l'aigreur et des bouleversements, bien qu'il soit nécessaire de le lire par rapport au reste du visage, afin de déterminer s'il s'agit de bouleversements temporaires ou de bouleversements qui affecteront toute la vie.

Enfin, on peut mentionner qu'un grain de beauté situé sur le sillon naso-labial d'un homme est un avertissement de mort prématurée; situé sur le sillon naso-labial d'une femme, il indique qu'elle souffrira de problèmes gynécologiques qui la rendront peut-être stérile.

ÉPILOGUE

Il n'existe pas de visage parfait, car il appartiendrait à une personne dont le caractère, la santé et le destin seraient parfaits. Toutefois, il m'est arrivé à plusieurs reprises au cours du présent ouvrage de parler de caractérisques «idéales», et j'entends par là celles qui signifient l'idéal des qualités qu'elles représentent. Un visage parfait, je suppose, serait formé entièrement de caractéristiques idéales et appartiendrait à une créature divine qui ne pourrait pas vraiment exister. Car même les êtres humains les plus admirés et les plus respectés, notamment Socrate, Jeanne d'Arc et Jésus-Christ, avaient des traits de caractère et des comportements qui leur ont attiré des ennemis: Socrate a été forcé de boire la ciguë, Jeanne d'Arc a été brûlée au bûcher et le Christ a été crucifié. Leurs visages devaient donc porter des signes à l'effet qu'ils allaient avoir des problèmes avec leurs semblables et qu'ils mourraient de façon prématurée et violente, et ne pouvaient donc pas être parfaits. Ne vous alarmez donc pas si votre visage est imparfait, vous n'êtes pas seul dans ce cas.

Toutefois, gardez à l'esprit que votre visage et celui de n'importe qui d'autre peuvent être interprétés avec exactitude en combinant les significations de toutes leurs parties, en jugeant les traits positifs par rapport aux traits négatifs et en extrayant d'eux l'équilibre de la vérité. Ce n'est pas une tâche facile, et je vous conseille d'y aller doucement et prudemment. Tenez compte du fait qu'un trait inférieur ou imparfait peut être compensé, dans une certaine mesure, par d'autres traits mieux formés ou par sa couleur brillante, une peau soyeuse, des grains de beauté luisants, etc. Et même si le trait suggère une absence de succès au cours de la période de la vie à laquelle il est associé, demandez-vous si le succès vous apporterait vraiment le bonheur si vous y parveniez? Car c'est le bonheur que les gens recherchent lorsqu'ils veulent de l'argent, du pouvoir et de la gloire, bien que ces choses apportent rarement, sinon jamais, le bonheur.

Ceci étant dit, je vous laisse avec quelques autres pensées de John Ruskin, à qui j'ai emprunté, pour le début de mon livre, des idées sur la raison de l'existence de l'être humain. Ruskin a écrit:

> Regarder le maïs pousser et les fleurs s'épanouir; travailler fort à la charrue ou à la pelle; lire, penser, aimer, espérer, prier... ce sont là les choses qui rendent les hommes heureux; ils ont toujours le pouvoir de faire ces choses; ils n'auront jamais le pouvoir de faire plus. La prospérité ou l'adversité du monde dépend de ce que nous reconnaissions et enseignions ces quelques vérités.

IMPRIMERIE L'ÉCLAIREUR
Une division de Groupe d'imprimeries Quebecor inc

17075